古川孝順
社会福祉学著作選集

第7巻

社会福祉の
拡大と限定

中央法規

第7巻　はしがき

本書（著作選集第7巻）のタイトルにいう「拡大と限定」を理解するには、二〇〇九年という原本刊行の年次を考えあわせていただかなければならない。原稿の執筆に要する時間のことを勘案すれば、その二、三年前のわが国のおかれた社会状況、さらにそのもとにおける社会福祉の状況を考慮していただくことになる。

筆者が原本のタイトルを『社会福祉の拡大と限定――社会福祉学は双頭の要請にどう応えるか』にすることにした直接的な契機は、二〇〇九（平成二一）年の社会福祉士国家試験の試験科目のうち、従来の「社会福祉原論」が「現代社会と福祉」に変更して実施される状況になったということである。ちなみに、この時期、二〇〇八（平成二〇）年九月にはいわゆるリーマンショックによる世界的な金融恐慌にともなう不況による賃金格差、そして経済のグローバル化にもかかわる非正規雇用労働者の拡大がみられ、歳末にはホームレス生活者や失業者とその支援者による年越し派遣村が出現するという状況にあった。また、それに先立って九〇年代なかばから増加していたホームレス生活者に対応する施策として、二〇〇二（平成一四）年に「ホームレスの自立の支援等に関する特別措置法」が制定されている。

社会福祉においては、従来から医療や教育などの関連施策との連携や協働の必要性が重視されてきたところであるが、直接的にはこのようなホームレス生活者支援を契機に、関連施策である雇用、住宅、医療と社会福祉、なかでも生活保護との連携、協働、サービス提供の方策としての必要性やワンストップサービスの重要性が強調されるようになり、社会福祉にかえて、あるいは社会福祉よりも包括的な施策の名称として、福祉という呼称が使われるようになり、一般化していった。国家試験科目の名称変更も、基本的にはそのような文脈のなかで理解されなければならない。

こうして、社会福祉は一方において福祉への拡大が要請されるとともに、他方において社会福祉の固有の領域や役割、機能を明らかにするという必要性が出来したのである。その一環には、社会福祉の政策的な側面については経済学や社会学によるソーシャルポリシーの議論に委ね、社会福祉はソーシャルワークに専念すればよいとする議論も含まれている。原本の刊行を思い立った理由の一つは、そのような状況にたいして、社会福祉学の伝統を踏まえつつどのように対応すればよいのか、改めて考えてみたいと思ったことである。ちなみに、刊行後暫時して気づいたことであるが、「拡大」と「限定」は岡村重夫の社会福祉学においても重要な意味をもつタームとして位置づけられている。もとより、本書のタイトルはそのような岡村の「拡大」と「限定」を借用したものではないが、岡村社会福祉学には改めて教えられるところが多い。そのことに改めて気づかされる。

本書において論じたことのもう一つは、社会福祉の分権化、地域化ということである。この傾向はすでに一九八〇年代後半以来のことであるが、一方における九〇年代末以来の地方自治制度の改革、他方における社会福祉による援助の施設から在宅、さらに地域への移行という趨勢のなかで、二〇〇〇年代になると高齢者ケアを中心に一層その傾向に拍車がかかるという状況がみられるようになった。世紀転換期は、こんにちの高齢者のみならず、障害者、児童、母子などを含めて地域包括ケアが考えられる転換点になっている。ちなみに、筆者は、地域福祉的展開への移行については、地域福祉型社会福祉という概念をもちいて、拙著『社会福祉のパラダイム転換――政策と理論――』（有斐閣、一九九七年）の第五章の「地域福祉型社会福祉の展開」において論じている。この論文は、本著作選集の第2巻『社会福祉研究の構築』に収録している。あわせて参照していただければ幸いである。

本書第二部は、底本刊行の時点における社会福祉学研究を鳥瞰することができるように構成したものであるが、刊行の時点からすでに一〇年が経過しており、その後の社会福祉学研究に接近することは望みえない。なかでも、社会福祉の地域を基軸にした展開について、こんにちにおいても地域社会のなかで民間による独自の援助活動や市町村や地域住民を中心にする創造的な施策展開が期待されながら、しかも社会福祉全体の基軸は国の政策として推進されるという状況を、伝統的な社会福祉の研究との関係も踏まえつつ理論的にどのように整理するのか、そのことが問われている。

ちなみに、先にも言及した岡村は、自らのいう「社会福祉の限定」は「法律による社会福祉」の自己批判であり、また法律にたいする対自的存在としての「自発的社会福祉」でもありうる。したがって、「社会福祉の限定」の発展段階においては、「法律による社会福祉」と「自発的社会福祉」の対立はなくなり、両者は総合されて「批判的協力関係」にまで発展する、また発展させられるべきであると論じている（岡村重夫『社会福祉原論』全国社会福祉協議会、一九八三年、六六〜六七頁）。

この岡村の議論は、岡村による社会福祉の独特の理論構成の延長線上においては、それとして理解しえないわけではない。しかし、社会福祉学全体の構成としてそれでよいのか、改めて考えてみる必要があろう。こうした理論的、かつ実際的な課題をどのようにとらえ、論じればよいのか、筆者はそのことについて、本著作選集の第1巻『社会福祉学の基本問題』において不十分ながら論じておいた。関心のある読者諸氏においては、もう一度第1巻に立ち戻り、ご検討、ご批判いただければ、筆者望外の喜びである。

さて、本書の刊行においても、多数の人びとにお世話になった。なかでも、校正については門美由紀（東洋大学非常勤講師）氏と西田恵子（立教大学教授）氏にご協力をお願いした。決して文脈を追いやすいとはいえず、難読の字句を多用する筆者の文章におつきあいいただき感謝するほかない。校閲その他については、中央法規出版編集部の照井言彦氏と三浦功子氏のご尽力をいただいた。記して感謝の意を表したい。

二〇一九年一月

古川　孝順　記す

目次

初出

社会福祉の拡大と限定

―社会福祉学は双頭の要請にどう応えるか―

発行日：2009年8月10日
発行所：中央法規出版
判　型：A5判
頁　数：292頁

はじめに

こんにち、百年に一度のともいわれるような大不況のもとで、わが国のみならず、世界的に格差、貧困、社会的排除などの社会問題が拡大し続け、多数の人びとが生活の不安と苦しみのなかに呻吟している。そのような人びとにたいして、社会福祉は、そしてそれを研究の対象として成り立つ社会福祉学は、一体、何をなしうるのか、また何をなすべきなのかが、改めて問われている。

本書は、そのような思いから、社会福祉とは何か、それはどのようにとらえられるべきかという筆者年来の課題を再論したものである。

実は、筆者は、昨二〇〇八年の二月に岩波書店のジュニア新書の一冊として『福祉ってなんだ』を上梓した。この本は高校の上級生から短期大学の学生向けに、社会福祉とは何かという問題について平易に、理解しやすいかたちで、しかしそれなりに系統的に書いてもらえないかという書肆《しょし》の求めに応じて書き下ろしたものである。ただし、書き下ろしたといってもそこには下敷きがある。下敷きにしたのは、拙著『社会福祉原論（第二版）』（誠信書房、二〇〇五年）であり、いわばそのダイジェスト版をいわゆる「ですます」調の文体で書いたものである。日頃難解であるといわれ続けている筆者にとって平易にという要請は重い。果たして、要請に応じきれるかどうか不安であったが、予想以上に刷りを重ねているところをみると、どうにか書肆の求めに応じることができたように思っている。

さて、本書のことである。『福祉ってなんだ』がこれから社会福祉を学ぼうとする若い世代向けであったとすれば、本書『社会福祉の拡大と限定』は、これから大学院等で社会福祉学の研究をはじめようかという学部の上級生や院生諸氏を念頭に置いて準備したものである。本書は、第一部、第二部の二部から構成されている。第一部は、近年における社会福祉の新しい動向を適切に理解するためには、従来の枠組みについて部分的な組み直しが必要とされるという観点から、社会福祉概念の再構築を試みたものである。ただし、社会福祉概念の再構築といっても、無から有を生じさせるような手法を取ろうとしたものではない。

わが国の社会福祉学研究は、戦後に限定しても六十有余年の伝統をもち、さまざまの議論を蓄積してきている。こんにち日一日と厳しさを増す社会福祉のありように対峙することをめざしつつ、社会福祉概念の再構築を試みるにあたっても、そのような先行研究の成果を前提にし、かつ的確に踏まえたものでなければならない。そうでなければ、社会福祉学の研究は、一時期の、あるいは一研究者による思いつきの域を出ないということにならざるをえない。実際、社会福祉学の研究が容易に成熟しえない理由の一つは、研究が思いつきに終始し、先行研究を批判的に継承しつつ成果を蓄積するという意識と姿勢が欠落していることに求められる。かつて筆者の恩師の一人であり、同僚でもあった吉田久一教授のつとに指摘するところである。

第一部を構成している論稿は昨二〇〇八年一二月に刊行した『社会福祉研究の新地平』（有斐閣）の第1章「社会福祉概念の再構築―L字型、そしてブロッコリー型へ―」と第7章「社会福祉の外延的拡大と再構成―『福祉』と『福祉政策』をいかに理解するか―」において取りあげた論点をさらに敷衍し、発展させたものである。論点は重なりあうが、新たな行論を通じて研究の螺旋的な展開を読み取っていただければ幸甚である。なお、論述にあたっては、社会福祉学研究の端緒にある読者諸氏の利便性を考え、第一部を通じて戦後社会福祉学研究史の断面をたどれるように構成したつもりである。

第二部は、筆者も編者の一人として参画させていただいた中央法規出版の創立六十周年を記念した企画『エンサイクロペディア社会福祉学』（二〇〇七年一一月）に執筆した論稿に加筆したもの七篇に、既刊の論稿「社会福祉二一世紀への課題」（拙編『社会福祉二一世紀のパラダイムⅠ―理論と政策―』〈誠信書房、一九九八年〉所収）を追加した八篇の論稿から構成されている。『エンサイクロペディア社会福祉学』に執筆した論稿は、社会福祉の研究方法、将来展望、歴史論、対象論、政策機能論など多岐にわたっている。それらを一冊の書籍のなかで通読していただければ、社会福祉学研究のもつ多様な論点に触れる機会になるものと期待している。

第二部のうち冒頭の第六章「社会福祉研究の見取り図」は社会福祉研究の方法について論じた『エンサイクロペディア社会福祉学』所収の関連論稿と別の草稿を結合し、かたちを整えたものである。社会福祉学の研究方法の詳細については、拙著『社会福祉学の方法』（有斐閣、二〇〇四年）を参照していただければ幸甚である。第七章と第八章は、あいだにおよそ十年余の時間をおいて執筆したものである。第七章は、二〇世紀末尾の一九九七年前後に、二〇世紀に提起された諸問題の行方について二一世紀の課題という角度から論じたものである。第八章は、二〇〇七年の時点において、二一世紀の課題について論じている。両者がどのように繋がり、また齟齬が生じているか、比較考察していただければ、これまた幸甚というべきであろう。

第一部、第二部を構成する論稿を通じて、筆者がこれから社会福祉学の研究や実践に携わろうとする若い世代の読者諸氏に期待することは、それぞれ一人ひとりが独自の視点、枠組み、分析と総合の手続き、記述の方法を身につけていただきたい、ということである。これは研究者を志す諸氏だけにたいする期待ではない。実践者もまた、その職務活動の一側面において、研究者であることが求められる。実際、すぐれた実践者は同時にすぐれた研究者であることが多い。研究的な実践（職務活動）の蓄積がなければ、社会福祉学の成熟したかたちでの発展はありえないからである。

本書の刊行については、照井言彦氏をはじめとする中央法規出版の皆さんに大変お世話をいただいた。中央法規出版のご理解とご支援がなければ、本書のような限られた目的をもつ書籍の刊行は実現しえなかったであろう。なお、索引項目の抽出については東洋大学大学院の門美由紀氏を煩わせた。併せ記して感謝の意を表したい。

２００９年５月　新緑の季節に

著　者

第一部

社会福祉概念の新たな展開

この十年ほどの間に、わが国の社会福祉は、一方において、それ自体の範域を拡大するとともに、隣接する社会的施策（社会サービス）との調整や連携の必要性が強調されてきている。そして、それに対応するように、社会福祉から福祉政策への転換、さらには社会政策（ソーシャルポリシー）への転換の必要性が提起されるという状況にある。一言でいえば「社会福祉の拡大」が求められているのである。

他方、近年における社会福祉をめぐる動向のなかには、学校教育、雇用支援、犯罪者矯正（刑務所）、更生保護などの領域において社会福祉の援助方法（ソーシャルワーク）にたいする期待の拡大もみられる。この動向は、社会福祉の側における社会福祉士の職域拡大への期待と呼応するところがある。そこでの関心は、社会福祉における政策や制度のありようというよりも、援助の方法としてのソーシャルワークに向けられている。この文脈でいえば、社会福祉は援助方法の体系としてのソーシャルワークへの「限定」が求められているといってよい。

このようなわが国社会福祉の動向は、二〇〇九年度の第二二回国家試験から適用される社会福祉士の新養成教育課程にもそのまま反映されている。新養成教育課程は幾つかの特徴をもっている。第一には、新養成教育課程が社会福祉の範囲を従来の福祉六法、社会福祉法、介護保険法によって枠組みが与えられているサービスプログラム（制度＝社会福祉事業の体系）に限定せず、雇用政策としての就労支援、青少年保護や更生保護、後見制度など、いわゆる関連領域との連携、調整や協働を求めているということである。第二に、それは社会福祉を地域福祉として展開することを強調している。第三に、それは福祉計画や福祉サービスの組織や経営に関する科目を導入している。そして、第四には、それは社会福祉の援助の方法、知識や技術のもつ比重を拡大させている。

このような新養成教育課程にみられる特徴のうち、ここで留意しておきたいのは、第一と第四の特徴である。就労支援、更生保護、後見制度を社会福祉士養成教育の視野に入れることを求める第一の特徴は、そのまま私のいう「社会福祉の拡大」に照応している。実際、新養成教育課程の機軸の位置にあると思われる「現代社会と福祉」において想定されている教科の内容は、社会福祉の拡大である。そこにはすでに社会福祉という語句それ自体が登場していない。この科目の鍵になる概念は社会福祉ではない。「福祉」と「福祉政策」である。「福祉」や「福祉政策」という語句は従来から存在するが、それは社会福祉や社会福祉政策の略語としてもちいられてきた。しかし、「現代社会と福祉」における「福祉」や「福祉政策」は従来の社会福祉を超える、より幅の広い概念として導入されている。

これまで、社会福祉という概念を社会福祉関連法によって与えられている枠組みを超える、より広範囲の施策を含むものとして設定しようとする試みがなかったわけではない。広義の社会福祉とよばれるものがそうであり、それは社会保険、公衆衛生、教育などの一般対策（施策）を含むものとして位置づけられることが多かった。場合によっては、それは英語圏でいうソーシャルポリシーやソーシャルサービスと重ね合わせるかたちで理解されてきた。しかし、ここで重要な意味をもつのは、第二次世界大戦後の伝統的な社会福祉研究は、実は、そのような広義の社会福祉という概念をもちいることを避け、社会福祉を狭義の社会福祉に限定する方向を追求してきたという事実である。孝橋正一も岡村重夫も一番ヶ瀬康子も、社会福祉を狭義の意味で扱うことを理論研究の出発点としている。そのことに関しては三浦文夫もまた、同様である。

社会福祉をソーシャルワークに限定しようとする研究はかつても存在した。ソーシャルワークを専門社会事業という訳語でとらえ、それを体系化することをもって社会福祉研究の課題とした竹内愛二がその好例である。しかし、この方向については、孝橋正一は社会事業の本質に迫りうる方向ではないとして切って捨てた。逆に、木田徹郎や一番ヶ瀬康子は社会福祉の制度や政策とソーシャルワークを統合することを試みている。

こんにち、わが国における社会福祉学研究はまさに転機にあるといってよい。社会福祉は一方において「拡大」が求められ、他方において「限定」が求められている。しかし、社会福祉の「拡大」も「限定」も近年にはじまることではない。それは、わが国の社会福祉学研究にとって「かつて来た道」にほかならない。私たちは、いま一度、戦後社会福祉学研究史を遡及して社会福祉概念探求の歴史を振り返り、そこからこんにちにおける社会福祉の「拡大」と「限定」という社会的要請に適切に応えることのできる新たな視点と枠組みを導き出し、それにしたがって社会福祉の概念を再構築しなければならない。

こうして、第一部の課題は、一方において社会福祉の福祉政策あるいは広義の社会福祉への、さらには社会政策（ソーシャルポリシー）への「拡大」（拡散）を回避し、他方において社会福祉のソーシャルワークへの「限定」（縮減）を回避し、政策・制度としての側面と援助（活動）としての側面とをあわせもつ社会福祉を一箇の施策体系（政策・制度・援助）として統一的に把握することを可能とするような視点と枠組みを探求する試みにあてられる。

第一章　社会福祉概念「拡大」の要請

さて、近年来の社会福祉概念拡大の社会的要請の端緒となった契機としては、次の三通りのものが考えられる。第一の契機は、社会福祉の客体＝対象となる生活問題ないし社会的生活支援ニーズ（福祉ニーズ）の拡大である。第二の契機は、利用者本位化と自立生活支援の推進、社会福祉（ソーシャルウェルフェア）から就労福祉（ワークフェア）への転換という政策理念にかかわる変化である。第三の契機は、施設福祉型から地域福祉型へという援助展開の方法における変化、である。それぞれ、社会福祉の対象、政策理念、そして援助展開の方法にかかわる契機である。

一　生活問題の拡大と対応

一九九〇年代初頭の社会主義体制の崩落と冷戦構造の終焉、市場原理主義の復活、規制緩和の促進、グローバリゼーションの拡大、未曾有の少子高齢社会化、そして自然的社会的環境の変容と破壊が進展するなかで市民生活はさまざまな困難や障害をかかえるようになり、社会福祉の対象となる生活問題の一層の多様化、複雑化、高度化が進展してきた。実際、近年、伝統的な貧困・低所得者の問題、子ども、障害者、高齢者の養護、療育、社会復帰などにかかわる諸問題に加え、育児不安、虐待、母子・父子などひとり親にかかわる問題、高齢者の虐待や要介護の問題、事故や傷病にともなう障害の問題、青少年の引きこもり、壮年・高齢期における心のやまい（うつや神経症）の問題、高齢単身者の社会的孤立の問題、家庭内暴力（ＤＶ）問題、深化する格差社会を象徴するニート、ホームレス、ワーキングプアの問題、資格外滞在者・外国籍住民、災害被災者、犯罪被害者、環境などにかかわる生活の困難や障害が増加し、社会福祉による援助を必要とする状況にある。

このような問題状況はいずれも、近年顕著な広がりをみせ、社会的な関心事になっている。しかしながら、もとより、こうした問題状況のすべてが近年になって俄《にわか》に出現した、新たに形成されたというものではない。それらは、いずれも労働力の商品化による稼得と生活の自己責任を前提とする自助社会、すなわち社会を構成する市民のすべてが自分自身の生活や行動について自己の責任において判断し、決定する能力を有するという意味において「自律的」であり、自分自身の生活を自己の労働と責任において維持する能力を有するという意味において「自足的」であること――ここにいう「自律」と「自足」は「自立」の重要な二つの側面である――が前提となる市民社会の構造に起因する問題状況といわなければならない。そうした問題状況が、近年の規制緩和、自己責任主義、市場原理主義、グローバリゼーションの波が加速するなかで、不平等、不公平、不利益、被害、差別などを被りやすい人びと、すなわち社会的にバルネラブルな人びとを担い手として、すぐれて現代的な装いのもとに、多様なかたちをとってうみだされてきている。実際、こんにち、そのような人びとのウェルビーイング（安寧）が脅かされ、あるいはそのおそれのある状態が日常的に存在するという状況がみられるのである。

そのような問題状況の形成にたいして、わが国の社会福祉はどのように対応してきたのか。そこには、おおよそ二通りの方向が認められる。第一の方向は、社会福祉にかかわる個別プログラム(1)の適用範囲を拡大させようとする方向である。第二の方向は、社会福祉のプログラム（事業）そのものを拡大させる方向である。

第一の方向は、従来社会福祉の一般化、普遍化とよばれてきたものである。周知のように、戦後日本の社会福祉は貧困階層を対象とする選別的、事後救済的な対策として再出発した。しかし、やがて高度経済成長を迎えた一九六〇年代前半の時期になると、社会福祉は、一転して、貧困階層のみならず、低所得階層を対象とする防貧的、事前救済的な対策として位置づけられるにいたった。さらに、一九七〇年代なかば以降、社会の高齢化傾向が強まるにつれ、社会福祉は一般階層にもその射程を拡大してきた。こんにちでは、児童虐待対応や高齢者介護施策にみられるように、社会福祉は潜在的にはすべての子どもや高齢者を対象とする普遍的な施策となっている。だが、この方向だけで、日増しに多様化し、複雑化し、高度化するこんにちの問題状況に対応することは不可能である。

そこで第二の方向が必要とされる。新しい問題状況に対応するために、従来にない新しいプログラムを開発するという方向である。周知のように、二〇〇〇（平成一二）年の社会福祉法の改称改正に際して、福祉サービス利用援助事業、手話通訳事業、知的障害者デイサービス事業、盲導犬訓練施設を経営する事業などの数種類の新たなプログラムが第二種社会福祉事業の範疇に追加された。従来十分に対応しきれていなかった問題状況や新たに形成されてきた問題状況に対応するため、新しいプログラムが追加されたのである。しかし、それでも、新しい問題状況のすべてに福祉六法体制という伝統的な社会福祉の枠組みのなかで対応することに限界のあることはあきらかであった。

こうして、伝統的な福祉六法体制の外側に、児童虐待の防止等に関する法律（児童虐待防止法）（二〇〇〇年）、次世代育成支援対策推進法（二〇〇三年）、発達障害者支援法（二〇〇四年）、配偶者からの暴力の防止及び被害者の保護に関する法律（DV法）（二〇〇四年）、高齢者虐待の防止、高齢者の養護者に対する支援等に関する法律（高齢者虐待防止法）（二〇〇五年）などが制定された。(2)

二　政策理念の変化とそれにかかわる新プログラム

社会福祉概念の拡大を要請する第二の契機は、社会福祉の利用者本位化と準市場化、そしてワークフェア（就労福祉）化である。

一九九〇年代にはじまる基礎構造改革は、社会福祉を誰もが、いつでも、どこででも、自由に利用できるようなものにすること、すなわち社会福祉の利用者本位化をめざす改革であった。社会福祉の措置による利用から契約による利用に転換することに象徴される改革であるが、それはサービス提供事業者による競争、事業者と利用者の直接的な契約、選択や契約にたいする自己責任など、社会福祉の準市場化をともなう改革であった。

このような社会福祉基礎構造改革は、児童福祉法の改正（一九九七年）、介護保険法の制定（一九九七年）、社会福祉法の改称改正、障害者自立支援法の制定（二〇〇三年）などを通じて実現されたが、その結果として、行政との契約、サービス提供事業者と利用者の直接契約、地域福祉権利擁護事業、サービスの第三者評価、財務諸表等の情報開示、苦情対応制度などが、社会福祉の新しい利用方式やプログラムとして追加されることになった。

そのなかでも、特に留意されるべきは、地域福祉権利擁護事業、サービス評価、情報開示、苦情対応制度などの新しいプログラムが登場したことである。このうち地域福祉権利擁護事業は、判断能力の低位な高齢者や障害者などについて、契約による利用を前提に、公共料金の支払いや預貯金通帳の管理などを行うプログラムである。サービス評価、情報開示、苦情対応制度は、サービス提供事業者と利用者とのあいだに形成される情報の非対称性(3)と利用者側における判断能力の低位性に起因して起こりがちな利用者側の不利益を回避するためのプログラムであった。

また、福祉サービスの提供事業者には、自己点検・評価や第三者評価を通じてサービスの品質の不断の改善向上の努力、契約内容や財務諸表などの開示が求められ、利用者による苦情を受け付け、適切に対応するための苦情対応制度を事業所内に設置することが求められることになった。事業所レベルでの苦情対応が不十分な場合には、都道府県社会福祉協議会に設置された適正化委員会による対応が行われることになった。これらの新しいプログラムはいずれも、準市場化と抱き合わせの社会福祉の利用者本位化を推進するための措置として導入されたものである。

他方、こうした改革とは別に、二〇〇五（平成一七）年には介護保険制度の見直しが行われた。基礎構造改革のシンボルともいえる介護保険制度は、介護ニーズの想定を遥かに超えるような増大とそれにともなう経費の肥大化をもたらした。このため、見直しにおいては、介護ニーズの抑制を目的とする方策として介護予防事業が導入された。そのなかには、軽度のスポーツやトレーニングなどによって要介護状態になる時期の延伸、すなわち介護ニーズの形成を防止するプログラムが含まれていた。

加えて、二〇〇〇年代になると、社会福祉の理念は、徐々に社会福祉による自立生活の支援から明らかに就労による自立生活の助長、ワークフェア（就労福祉）に変化する。一九九〇年代後半の社会福祉基礎構造改革は「利用者の住み慣れた地域における自立生活の支援」を理念とする改革として提唱され、推進されていった。しかし、この「自立生活の支援」という理念は、二〇〇二年頃から変化しはじめる。小泉内閣の下において規制緩和が進み、生活にたいする自己責任が強調されるなかで、伝統的な社会福祉は就労による自立生活の助長、就労による自立生活への復帰の促進を意味する方向に変容していった。母子家族の母親にたいする就労の助長、障害者の就労支援が強化され、二〇〇七（平成一九）年一二月、「『福祉から雇用へ』推進五か年計画」が策定されるに及んで「社会福祉から就労福祉」への転換は決定的なものとなる。母子家族、障害者、貧困者それぞれの領域における就労支援促進の必要性と重要性が強調され、職業安定所（ハローワーク）による就労支援施策との連携が強化されていったのである。(4)

このような政策理念の変化にともなって導入されることになった新しいプログラムの導入は、社会福祉と、それまで社会福祉とは疎遠な位置関係にあった人権擁護制度、成年後見制度、消費者保護制度、健康政策などの一般社会サービス――この語句の使用法については後にあきらかにする――とのあいだに接点をもたらすことになった。あるいは、改めて接点の存在を強調するものとなった。

たとえば、人権擁護制度は、国や自治体、社会一般、不特定の企業による個人や特定範疇の人権――言論の自由、信仰の自由、人身の自由などの自由権や平等権――の侵害を防ぎ、保護することを目的にする施策である。他方、社会福祉における権利擁護事業は福祉サービス利用権の保障など、社会福祉利用者の社会的基本権の侵害を防ぎ、擁護することを目的とする施策である。これら二つの施策の目的は同一ではない。しかし、人権擁護を広く解すれば、社会福祉における権利擁護も人権擁護の範囲に含まれるといってよいであろう。

社会福祉におけるサービス評価、情報開示、苦情対応などの新しいプログラムは、情報の非対称性や判断能力の低位性に起因する社会福祉利用者の不利益を回避することを目的に導入された事業である。社会福祉でいう利用者は、英語表記でいえばユーザー、消費者である。わが国においては、一九八〇年代頃から対象者という表現に含まれる不適切性を考慮し、利用者という表現を採用するようになった。しかし、その利用者の意味するところは、より一般的には消費者であり、市場を前提とする概念である。そのような消費者をいわば市場弱者として保護するのが消費者保護制度である。社会福祉は、市場メカニズムを受け入れ、準市場化する過程において、利用者を市場弱者としてとらえ、その利益を保護するシステムを社会福祉の内側に組み込んだことになる。サービス評価事業、情報開示事業、苦情対応事業は、いってみれば消費者保護制度の社会福祉版である。

同様に、運動（スポーツ）による介護予防事業は、健康政策の社会福祉版である。健康増進（ヘルスプロモーション）政策(5)の一部分である運動による健康の増進を介護状態に陥ることを予防する手段として活用しようという試みである。かつて第二次世界大戦以前において、健康政策は運動を効率的な兵力や労働力を育成するための方策手段として位置づけ、戦後においては優秀な運動選手を育成することを課題としてきた。しかし、近年、健康政策は高齢者の運動や障害者の運動に関心を広げてきた。運動による介護予防は、社会福祉と健康政策との接点に位置する事業である。

さらに、雇用による自立生活を求める就労支援施策の導入は、第二次世界大戦後に福祉国家政策が形成されるなかで一度は整理され、分離された雇用・労働政策と社会福祉との密接な関係を改めて復活させることになった。

三　施設福祉型社会福祉から地域福祉型社会福祉へ

社会福祉概念の拡大を求める第三の契機は、一九八〇年代頃にはじまる居住（入所）型施設による施設福祉から在宅福祉へという転換が、二〇〇〇（平成一二）年の社会福祉法の改正とともに明確に「社会福祉の地域福祉による展開」として措定されたことである。施設福祉型社会福祉の地域福祉型社会福祉への転換である。

施設福祉型の社会福祉は、子ども、高齢者、障害者、母子家族など多様な生活問題をかかえ、自立生活の維持が困難になった、あるいは不可能になった利用者をそれまで居住していた地域社会から抽出し、地理的にも社会的にもかつての居住地とは接点のない居住（入所）型施設に入所させ（収容し）て保護した。居住型施設における保護は自己完結的なものであり、義務教育期における就学や傷病時の医療機関の利用を除けば、利用者が一般社会サービスと接点をもつ機会も必要性も存在しなかった。そこでは、社会福祉はほとんど自己完結的なサービスとして理解され、提供されてきた。

しかし、利用者が地域社会のなかで生活し続けるということになると事態は異ならざるをえない。利用者は地域社会のなかで生活し続けるためには、保健サービス、医療サービスなど社会福祉以外の多様な社会サービスと直接接点をもつ必要がある。所得保障や雇用サービスとの接点も必要となるかもしれない。利用者が家族とともに生活している場合には、事態はさらに複雑なものとなる。家族のなかに障害者や高齢者がいれば、自立生活を維持するには、それぞれに異なった社会福祉の援助が必要となる。それ以前に、住宅（居所）が確保されていなければ、地域社会における自立生活は成り立ちえない。障害者や高齢者が単身で生活しようとすれば、公営住宅の提供その他の方法による住宅支援は不可欠のものとなる。地域社会における利用者の自立生活を支援するには、福祉コミュニティの形成、さらにはそれを支えるまちづくり（地域社会の組織化）が重要な意味をもってこよう。

地域社会における自立生活を実現するには利用者の生活の全体像を視野に入れた包括的な支援が必要となり、社会福祉には所得保障、保健サービス、医療サービス、住宅政策、まちづくりなどの社会福祉以外の、それに隣接する一般社会サービス——以下、社会福祉以外の社会サービスを一般社会サービスという——との連携、協働が求められることになる。また、地域福祉型の社会福祉を効果的に展開するためには、社会サービスの提供に最終的に責任をもつ行政と住民との協働が必要となる。(6)

ここまでの行論からあきらかなように、近年社会福祉は所得保障、保健サービス、医療サービスはもとより人権擁護制度、成年後見制度、消費者保護制度、健康政策、さらには住宅政策、まちづくりまで、多様な一般社会サービスとの接点を拡大し、連携、協働を要請される状況にある。この状況は、社会福祉の活動領域を拡大するものとして一面において歓迎される傾向にある。しかし、社会福祉と一般社会サービスとの接点の拡大は、社会福祉の拡散という側面をもっている。社会福祉が一般社会サービスのなかに拡散され、吸収される可能性である。社会福祉と一般社会サービスとの接点の拡大という社会福祉の「発展」は、社会福祉の消滅につながる可能性をもっているといえないであろうか。

〔註〕

(1) ここでいうプログラムの典型は、社会福祉法にいう第一種社会福祉事業や第二種社会福祉事業を構成する一つひとつの社会福祉事業である。そのようなプログラム（社会福祉事業）の集積されたものが社会福祉制度である。そして、そのような社会福祉制度に存在の根拠を与えているもの、社会福祉制度の運営に方針を与えているもの、さらには個別の社会福祉事業のありようを規定している方針が政策とよばれるものである。ただし、プログラムは社会福祉法にいう社会福祉事業だけをいうものではない。内容的には社会福祉事業に該当しつつ社会福祉法にいう社会福祉事業から除外されている事業もプログラムであり、まだ社会福祉法に記載されてはいないがそうなる可能性をもつ事業もここでいうプログラムである。また、社会福祉関連法規の埒外で展開されている民間や民営の事業者（団体）が独自に行う事業もプログラムである。

(2) これらの法令のうち、次世代育成支援対策推進法を除いた児童虐待の防止等に関する法律（児童虐待防止法）、発達障害者支援法、配偶者からの暴力の防止及び被害者の保護に関する法律（ＤＶ法）、高齢者虐待の防止、高齢者の養護者に対する支援等に関する法律（高齢者虐待防止法）はいずれも議員立法として制定されている。

議員立法は議員が法律案を作成提出し、審議制定される法律のことである。国レベルでいえば、衆議院の場合二十人、参議院の場合十人の賛同者があれば法律案の提出ができる。議員立法の対概念は、行政府（省庁）が法案を作成し、内閣で承認を経て提案され、審議制定される内閣立法である。従来、社会福祉に関する法律はいずれも内閣立法として制定されてきており、議員立法による法令の形成は社会福祉の法体系に新たな意味を付け加えることになっている。

第一に、議員立法の事例が増加していることは、従来社会福祉関係の法令が内閣立法によって形成されてきたという状況にたいして、新しい政策決定のチャンネルが追加されたことになる。議員立法は、行政府主導によって遂行されてきた社会福祉政策の策定と運用の過程にいわば風穴を開けうる可能性をもっている。行政府主導では実現することが困難であったり、時間がかかりそうな新しい課題（福祉ニーズ）に対応する立法措置が議員立法によって実現するような場合である。虐待防止法、ＤＶ法などはその例である。

しかし、第二に、課題ごとに議員立法によって政策策定が行われるという事態は、従来の法体系に変容をせまるという意味をもつことになる。既存の法令と議員立法による新立法との整合性をどのように確保し、政策全体としての体系性を確保するのかという問題である。たとえば、児童虐待防止法と児童福祉法との関係、高齢者虐待防止法と老人福祉法との関係をどのように整合されるのかという問題がある。児童虐待防止法は児童福祉法の改正というかたちをとりえなかったのかという疑問が提起されている。高齢者虐待防止法と老人福祉法との関係についても同様である。ちなみに、内閣立法として制定されたものであるが、就学前の子どもに関する教育、保育等の総合的な提供の推進に関する法律（認定こども園設置法）（二〇〇六年）と児童福祉法との関係についても、同様の疑問が提起されている。この疑問の背景には、認定こども園設置法は、従来児童福祉法によって維持されてきた保育政策の体系に重要な変更を迫るものではないか、さらにいえば保育にたいする国家責任を揺るがすものではないのかという懸念がある。

いずれにしても、議員立法であるか内閣立法であるかにかかわらず、個別課題に対応する法令が多数制定されるという昨今の状況が従来の福祉三法、福祉六法プラス社会福祉（事業）法というかたちで形成維持されてきた社会福祉にかかわる法制度体系を揺るがすようなものであることだけは確実である。

(3)「非対称性」という用語は情報関係の領域において、たとえば製造業者と消費者とのあいだの「情報の非対称性」というようにもちいられたのがはじまりであるが、社会福祉の領域においては福祉サービスの提供者（事業者）と利用者とのあいだにおける情報の非対称性というかたちでもちいられてきた。それが昨今では、福祉サービスの提供者と利用者、専門家と利用者などのあいだにみられる情報量の違いのみならず、情報収集の能力や専門的な判断力などについても非対称性という語句がもちいられるようになってきている。

(4)「福祉から雇用へ」の移行は、二〇〇二（平成一四）年一月の、従来の児童扶養手当を中心とする母子家庭対策を見直し、①子育てや生活支援策、②就労支援策、③養育費の確保、④経済的支援を総合的に展開する方向への転換を示唆した厚生省の省内プロジェクトによる報告書「低所得者の新たな生活支援システム検討プロジェクト」にはじまり、同年一一月の母子及び寡婦福祉法の一部改正によって具体化される。その内容は、二〇〇三（平成一五）年三月の厚生労働省告示第百二号「母子家庭及び寡婦の生活の安定と向上のための措置に関する基本的な方針」に詳細に示されている。

このような母子家庭対策を嚆矢としてはじまる「福祉から雇用へ」の移行を障害者、生活保護受給者その他を含める包括的な施策として決定的なものとしたのが二〇〇七年一二月の厚生労働省『福祉から雇用へ』推進五か年計画～誰でもどこでも自立に向けた支援が受けられる体制整備～」であるが、この五か年計画策定の背後には同年二月の政府による経済財政諮問会議（座長安倍首相）の「成長力底上げ戦略（基本構想）」が介在する。この「戦略」は、「成長戦略の一環として、経済成長を下支えする基盤（人材能力、就労機会、中小企業）の向上を図ることにより、働く人全体の所得・生活水準を引き上げつつ、格差の固定化を防止」することを目的に策定されたものであるが、その三通りの戦略の一つである就労支援戦略を具体化するものとして「『福祉から雇用へ』推進五か年計画」を策定・実施することが明記されている。五か年計画は「公的扶助（福祉）を受けている人などについて、セーフティネットを確保しつつ、可能なかぎり就労による自立・生活の向上を図る」ものとされ、そこではセーフティネットを確保しつつという留保がつけられているとはいえ、経済成長による所得・生活水準を引き上げという文脈のなかで、福祉から雇用への転換を図ることが明確に示されている。

　五か年計画では、障害者、生活保護世帯等、母子家庭世帯等について具体的な施策が示されている。ちなみに、障害者については、①障害者就業・生活支援センターの設置、②「チャレンジ雇用」の推進・拡大、③「就労移行支援事業」の全国展開、④職業能力開発の推進、生活保護世帯等については、①「生活保護の就労支援プログラム」の策定、母子家庭世帯等については、①母子家庭等就業・自立支援センター事業、②マザーズハローワーク事業、③母子家庭自立支援給付金事業・母子自立支援プログラム策定事業の全国展開、が重点事業として位置づけられているほか、ハローワークと福祉関係者の連携を促進するため、ハローワークに「就労支援チーム（ハローワークの就職支援担当者と福祉事務所、福祉施設等関係機関により編成されるチーム）」を設置すること、「就労支援アクションプラン」を策定することが謳われている。

（5）健康政策の意義と展開については、松尾順一「健康政策」（古川孝順編『生活支援の社会福祉学』有斐閣、二〇〇七年、八二～九三頁）を参照されたい。厚生労働省は、人口の急速な高齢化にともない要介護状態等になる者が増加している状況にたいして、二一世紀の日本を「すべての国民が健やかで心豊かに生活できる活力ある社会」にすることを目的に、従来の「疾病が発症した後、必要な治療を受け、機能の維持・回復を図る」三次予防、「健康診査等による早期発見・早期治療」を意味する二次予防を超え、「生活習慣を改善して、壮年期死亡の減少及び健康で自立して暮らすことができる期間（健康寿命）の延伸等を図る一次予防が重要になるという観点から二〇〇〇（平成一二）年に「二一世紀における国民健康づくり運動（健康日本21）の推進について」（事務次官通知）を策定した。「健康日本21」は健康づくり運動の目標を九点にわたって設定しているが、その二番めに、身体活動・運動をあげ、国民の身体活動・運動にたいする意識を高め、日常の活動性や運動の習慣をもつ者の割合を増加させることを目指し、そのための環境づくりを行う必要があるとしている。

（6）二〇〇八（平成二〇）年、厚生労働省に設置された「これからの地域福祉のあり方に関する研究会」は、「今後の我が国における福祉のあり方を考える際、公的な福祉サービスの充実整備を図るとともに、地域における身近な生活課題に対応する、新しい地域での支え合いを進めるための地域福祉のあり方を検討することが緊要な課題となっている」という観点から、住民と行政の協働による新しい福祉のあり方を提示する「地域における『新たな支え合い』を求めて――住民と行政の協働による新しい福祉――」報告書を策定している。

第二章　社会福祉概念の「限定」

わが国の社会福祉学研究の先達たちは、社会福祉と一般社会サービスとの接点を重視し、それとの関連のなかで社会福祉を論じることよりも、むしろ社会福祉を限定的にとらえ、一般社会サービスと明確に区別し、社会福祉それ自体の性格を析出し、措定することにエネルギーを差し向けてきた。その努力の歴史を顧みることなしに、社会福祉と一般社会サービスとの接点を論じ、一般社会サービスの視点から社会福祉を論じることは、かえって社会福祉の拡散、曖昧化を結果しかねないであろう。そのような視点から社会福祉を論じるのでは、社会福祉それ自体の性格を明らかにすることはできず、結果的には社会福祉の専門職という概念を措定することも不可能とならざるをえない。

中長期的にこれからの社会福祉を見据えた社会福祉概念の再構築を試みようとすれば、何をおいても戦後社会福祉研究史のなかで一貫して追求されてきた社会福祉の「限定」の歴史、その経緯と意義を再確認しておかなければならない。

一　「社会事業」と「広義の社会福祉」

一九五〇年にパリで開催された国際社会事業会議に出席するにあたり、わが国の代表は、その当時中央社会事業協会に付置されていた社会事業研究所がとりまとめた次のような社会事業の概念規定を携えていた。

社会事業とは、正常な一般生活の水準より脱落・背離し、又はそのおそれのある不特定の個人または家族に対し、その回復・保全を目的として、国家、地方公共団体、あるいは私人が、社会保険、公衆衛生、教育などの社会福祉増進のための一般対策とならんで、又はこれを補い、あるいはこれに代わって個別的、集団的に保護・助長あるいは処置を行う社会的な組織的活動である。[1]

この概念規定には、社会事業の対象を「正常な一般生活の水準より脱落・背離し、又はそのおそれのある不特定の個人または家族」と規定していること、主体について国家、地方公共団体、私人が並置されていることなど興味深い部分が含まれている。しかし、もとより、ここでの文脈との関連においてもっとも重要なことは、社会事業の概念規定のなかに社会事業と社会福祉が並置されていること、社会保険、公衆衛生、教育などが「社会福祉増進のための一般対策」として位置づけられていること、さらに社会事業をそれら一般対策と「ならんで、又はこれを補い、あるいはこれに代わ」る社会的組織的な活動であるとしていることである。

ここでいう社会事業は、こんにちからいえば社会福祉に先行する歴史的形態を意味するタームであるが、大正中期以来、一九六〇年代前半にいたるまで一般的にもちいられていたものである。他方、社会福祉は、そのあとに増進という語句がついていることからも明らかなように、ここでは社会事業よりも広い概念として、しかも理念や目的を意味するようなもちいかたになっている。このような社会事業と社会福祉の関係は、やがて徐々に明らかになるように、「狭義の社会福祉」と「広義の社会福祉」というかたちで、あるいは「実体概念としての社会福祉」と「目的概念としての社会福祉」というかたちで整理されることになる。[2] また、「ならんで、又はこれを補い、あるいはこれに代わって」という社会事業と一般対策との関係も、「並立的補充性」「補足的補充性」「代替的補充性」というかたちに整理されることになる。[3]

こうした理論的整理の詳細については、これからの行論のなかで追々明らかにすることになるが、ここで社会事業研究所による社会事業の概念規定のなかに後の時代に理論研究の課題になるような論点が、プリミティブなかたちであれ、ほとんどすべて含まれていたことを確認しておかなければならない。すなわち、社会事業研究所による社会事業の概念規定の試みは、戦後日本における社会福祉学研究のスタートラインとしての意味をもっていたのである。

二 「社会政策」と社会事業——社会福祉の「限定」その一

そのような社会事業研究所の社会事業の規定であるが、むろん突然変異的なものではない。その背景には、社会事業に関する最初の社会科学的研究として広範囲に支持された画期的ともいえる研究が存在している。それは、ドイツに範を求めながらわが国に独自の概念として形成されつつあった「社会政策」概念を基準として社会事業の性格や機能を明らかにしようとした研究であった。

ここで俎上に載せようとしているのは、指摘するまでもないことであるが、一九三八年に刊行された大河内一男の著名な論文「わが国における社会事業の現在及び将来——社会事業と社会政策の関係を中心として」である。そこでは、社会事業の基本的な性格や機能を、資本主義経済システムを前提とする雇用関係、賃金、労働条件、労働環境などを研究のターゲットとする分野として構成されてきた社会政策との位置関係において解明し、措定するという方法がとられていた。[(4)]

周知のように、大河内は社会事業は「社会政策」の以前と以後に存立すると指摘した。社会事業は、社会政策以前においては社会政策を補充し、代替する事業として存立し、社会政策以後においては社会政策を補充しつつ、より広い範囲にわたって国民生活の改善、促進にかかわる領域を含んで発展するというのが大河内の社会事業論である。そこにみられる社会事業理解の方法にしたがえば、社会事業のありようを措定する要の位置にあるのは社会事業そのものではない。決定的な意味をもつのは社会政策である。それでは社会事業は、社会政策成立の以前と以後において一貫性をもたない存在となってしまう。このような規定の仕方は、社会事業の側からみるとその本質にかかわる問題である。

このような大河内の社会事業理解の方法は、社会福祉研究に社会科学的なアプローチを導入する出発点となったという意味において極めて重要な意味をもっている。しかし、同時に、それは、わが国の社会福祉の研究をいわば特殊日本的な「社会政策」概念との関係において推進するという狭隘な視点と枠組みに押し込めてしまうという逆機能的な結果をもたらすことになった。その事実は否定し難いところである。

しかし、ここではそのことの功罪は問わない。ここで問題にしているのは、このような社会事業の性格や機能を社会政策との関係において規定するという大河内の枠組みが、先にみた社会事業研究所による社会事業の概念規定の背景に伏在しているということである。社会事業研究所の規定には社会政策という語句はみられない。その一部としての社会保険とともに、大河内にはみられない公衆衛生、教育が並置され、新たに「一般対策」という範疇が構成されている。そのあたりの経緯については、戦後大河内の社会事業論を批判的に継承し、社会科学的な社会事業論を展開した孝橋正一の所論を素材に考察することにしたい。

三　社会的問題と社会事業——社会福祉の「限定」その二

大河内の社会事業論は、社会政策研究のいわば応用問題である。それにたいして、孝橋正一は、社会事業そのものを正面から取りあげ、より積極的に論じている。

そのような孝橋の理論的枠組みでいえば、資本主義社会における基本的な社会問題である労働問題に対応する施策が社会政策であるのにたいし、その基本問題から関係的派生的に形成される社会的問題＝社会的必要の不充足に対応する施策が社会事業である。利潤増殖原理を機軸とする資本主義社会においては、社会問題に対応する社会政策が理論的にも実践的にも一定の限界をもたざるをえない。そのことのゆえに、社会問題の解決は不十分なままに取り残されることになり、そこに社会的問題が形成される。したがって、社会的問題に対応する施策としての社会事業は、必然的に、社会政策にたいして、これを代替し、補充するという性格をもたざるをえない[(5)]。

ここで孝橋のいう代替とは、社会政策が成立するまでの社会事業の性格のことである。理論的には社会政策が対応すべき課題であるが、それが現実的に成立するまでのあいだ社会事業が社会政策に替わってその担うべき役割を果たすという意味である。補充とは、理論的にも実際的にも社会政策は完全に社会問題を解決するにいたらないため、社会事業は社会政策が本来的に果たすべき役割を補充する位置におかれる、という意味である。

このような観点に立つ孝橋の社会事業の規定は次のようなものである。

社会事業とは、資本主義制度の構造的必然の所産である社会的問題にむけられた合目的・補充的な公・私の社会的方策施設の総称であって、その本質の現象的表現は、労働者＝国民大衆における社会的必要の欠乏（社会的障害）状態に対応する精神的・物質的な救済、保護及び福祉の増進を、一定の社会的手段を通じて、組織的に行うところに存する[(6)]。

この規定をみるかぎり、孝橋は、「社会保険、公衆衛生、教育などの一般対策」については言及していない。しかし、孝橋は、「一般対策」（以下、「一般施策」という）を無視しているわけではない。逆に、社会事業を、一般施策との関係において論じることに否定的である。孝橋は、社会政策との関係を重視し、そこから社会事業の本質を抽出しようとしている。その点では、孝橋は大河内の忠実な継承者である。したがって、ここでは孝橋がどのような理由から一般施策との関係を論じることに否定的であったかを理解することを通じて、孝橋の社会事業と一般施策との関係についての独自の理解の仕方を跡づけることになる。

孝橋は、ほとんど言及されることはないが、社会事業とは別に「広義の社会福祉」という概念をもちいている。そこに含まれる施策は、文化・教育政策、保健・衛生政策、労働・社会政策、児童・婦人政策、行刑・犯罪政策などである。孝橋は、これらの施策は、イギリスにいうソーシャルサービスやアメリカにいうパブリックウェルフェアに該当するものであり、「広義の社会福祉」はそれらの施策の総計を意味する上位概念または総合概念であるとしている。

孝橋によれば、これらの施策は社会成員の全般を平均的・一般的に適用対象にするものであり、その分抽象的になることは避けがたい。そのため、広義の社会福祉に該当する施策群は、「対象者における家計状態――所得＝購買力の有無・大小の如何によって、この種の社会福祉政策の効果が期待できない場合」があるという。つまり、孝橋は、文化・教育政策、保健・衛生政策、労働・社会政策、児童・婦人政策、行刑・犯罪政策などの一般施策について軽視したわけではないが、家計の状況によってはそれらを十分活用することができないことがあるという。したがって、一般施策の利用を妨げる可能性のある家計の状態、すなわち貧困にたいする施策である社会事業こそが重要である。逆にいえば、貧困の問題が解決されれば、一般施策の適切な利用が可能となる。(7)

こうして、孝橋は、社会事業こそが基本的な施策であると主張する。たしかに、資本主義社会において、雇用や所得の有無、大小が重要な意味をもつことは十分に理解することができる。しかし、生活の困難や障害という問題のすべてを、所得の有無や大小という問題に収斂させるという方向で十分に解明し、解決しうるのであろうか。孝橋が一般施策を視野の外に置いたことについては疑問が残るといわざるをえない。

いずれにせよ、孝橋以後の社会福祉研究においては、その影響をうけた政策論的な研究においてはなおのこと、「広義の社会福祉」ないしそれを構成する一般施策は研究の関心から捨象され、社会事業のみが取りあげられることになる。社会事業と一般施策との関係が積極的に議論される機会は喪失される。しかも、やがてはその社会事業も「狭義の社会福祉」とよばれるものと重ね合わせて理解されるようになる。高度経済成長期の六〇年代後半ともなると、社会福祉といえば「狭義の社会福祉」を意味するものと解されるようになる。ただし、このような社会福祉の「限定」は、孝橋やその所論を継承する政策論研究の系譜においてのみ、行われたわけではない。社会福祉の「限定」は別の関心からも推進されたのである。

四　社会福祉固有の視点——社会福祉の「限定」その三

孝橋正一と同時代の、わが国における社会福祉の理論形成が一挙に進展した一九五〇年代にその理論を形成した岡村重夫もまた、社会福祉の「限定」を試みた。岡村は、社会福祉を自発的社会福祉と法律による社会福祉に分け、その発展の過程を素材にしながら社会福祉の理論を構築したことによって知られている。岡村によれば、自発的社会福祉は相互扶助としてはじまり、慈善・博愛事業に展開する。他方、法律による社会福祉は、救貧事業、保護事業を経て福祉国家の時代へと展開するが、社会福祉の限定が問題となるのは保護事業の福祉国家政策に発展する段階においてのことである。

さて、岡村の説くところによれば、一九世紀なかばに形成され、回復的処遇の原則、分類処遇の原則、単一保護行政の原則を処遇原則とする保護事業は、一九世紀から二〇世紀にかけての世紀転換期において福祉概念が転換し、貧困の社会的な生成が明らかになり、防貧的施策の導入が図られる段階になると、貧困の原因を個人の内側に求め、劣等処遇による最低限度の生活の維持に終始してきた保護事業は、その限界を露呈しはじめる。そして、その処遇原則の破綻が一挙に明らかになったのは、一九四二年のベヴァリッジ報告の提出と、第二次世界大戦後のそれを青写真とする福祉国家の構築であった。ベヴァリッジ報告は、貧困にたいする所得保障制度の構築にみずからの役割を限定していたとはいえ、それまでの要保護者を対象とする選別主義的な施策を、「窮乏（want）」「疾病（disease）」「無知（ignorance）」「隘陋《あいろう》（spualor）」「失業（idleness）」[8]という国民生活を脅かす五つのリスクにたいして普遍主義的な施策に転換する必要性を強調した。そして、この提案は第二次世界大戦後の家族手当、国民保健サービス、国民保険、児童福祉、住宅政策、教育制度の改革などとして実現することになる。

こうした状況を岡村は、福祉概念の転換による社会福祉の拡大としてとらえた。「特定の社会階層ではなくすべての国民」を対象とする福祉国家政策は、保護事業の選別的な処遇原則から普遍的処遇の原則への転換であり、対象の普遍化であるとともに施策の普遍化を意味するものであった。岡村は、このような状況に直面して、「福祉国家における社会福祉は、すべての国民を対象者とする点では、社会福祉以外の生活関連施策も同様であるから、社会福祉を特色づける条件をどこに求めるかについて、新しい回答を求められるといわなければならない」[9]と考えた。岡村は、福祉国家政策というかたちでの「社会福祉の拡大」という状況を目前にして、従前の特定階層にたいするサービスに後戻りすることをよしとせず、社会福祉の新たなレーゾンデートルを追求したのである。その結果が「社会福祉の限定」であった。

岡村は、ニュージーランドの国連代表によるソーシャルワークの定義や一九七一年の国際連合教育調査報告書のなかから、「個人全体 the total individual と彼の環境全体 the whole of his environment との関係における欠陥を予防し、治療する」、「個人の社会生活上の要求充足を援助するばあいに、彼の社会人としての機能と社会関係の改善に着目する」[10]という視点を抽出し、それを「社会関係における主体的側面」に着目し、そこに社会福祉固有の対象を設定するという独自の理論体系に彫琢し、発展させたのである。岡村のいう社会福祉固有の対象の内容をなすものが、社会関係の不調和、社会関係の欠損、社会制度の欠陥とよばれるものである。そして、それに対応する社会福祉の機能が評価的機能、調整的機能、送致的機能、開発的機能、保護的機能とよばれる。そのことは改めて指摘するまでもない。

こうして、岡村は、二〇世紀前半の「社会福祉の拡大」に対抗するかたちで、社会福祉の課題あるいはその内容を「社会関係の主体的側面における不調和、欠損、欠陥」に対応することに「限定」したのである。そうすることによってはじめて、社会福祉はその固有の存在を主張しうる、と考えたのである。つぎの、岡村による社会福祉の概念規定は、このような施策の結果であった。

社会福祉は、全国民が生活者としての主体的社会関係の全体的統一性を保持しながら生活上の要求を充足できるように、生活関連施策を利用、改善するように援助するとともに、生活関連の各制度の関係者に個人の社会関係の全体性を理解させて、施策の変更、新設を援助する固有の共同的行為と制度であるということができる(11)。

これまでの議論から明らかなように、人権擁護・後見制度、消費者保護、教育、雇用・労働政策、所得保障、保健サービス、医療サービス、少年・家事審判制度、更生保護、住宅政策、まちづくりなどの一般施策は、岡村の枠組みでいえば、「社会福祉の拡大」を構成する施策である。そして、岡村の思索のなかでは、それら一般施策にたいする関心は社会福祉の「限定」が試みられる過程において捨象され、排除されてしまう。結果的に、岡村の社会福祉理論の体系を前提にするかぎりにおいて、一般施策それ自体についての議論は行われえない。ただし、それにもかかわらず、岡村の社会福祉の概念規定のなかには「生活関連施策」という語句がみられる。この語句について岡村は格別の敷衍を試みているわけではない。しかし、それが社会事業研究所の社会事業規定にいう一般対策や孝橋の広義の社会福祉と重なり合うものであることは間違いないであろう。岡村にとって生活関連施策は社会福祉ではない。生活関連施策と個人(利用者)の社会的関係の主体的側面、それこそが社会福祉固有の領域なのである。

岡村が社会福祉を限定しようとした意図は理解できる。そうすることによって社会福祉の固有性、レーゾンデートルを主張しようとした意図と経緯は十分に理解が可能である。しかし、昨今における社会福祉の動向に照らしていえば、岡村が選択した限定の方向と内容はあまりにも狭隘にすぎなかったのではないか。もう少し外に開かれたかたちでの限定ができなかったのであろうか。そこに疑問が残るのである。

五　目的概念と実体概念、そして補充性——社会福祉の「限定」その四

　さて、ここまで主に孝橋正一の社会事業論と岡村重夫の社会福祉論を素材に「社会福祉の限定」について考察してきた。孝橋と岡村では「限定」の趣旨も理論も異なっている。しかし、両者は「広義の社会福祉」について論じることを避け、「狭義の社会福祉」（孝橋の場合は、社会事業）を研究の対象にしてきたということにおいては共通していた。

　このような社会福祉の限定は、孝橋や岡村以後の研究者たちの場合にも共通している。まず、孝橋の議論に近い一番ヶ瀬康子を取りあげる。周知のように、一番ヶ瀬による社会福祉の理論は「運動論」とも「新政策論」ともよばれるが、わが国で最初にアメリカ社会福祉史を体系的に論じたこと、社会福祉を国民の生活権に対応する施策として位置づけたこと、その対象を生活問題として把握していること、社会福祉運動の重要性を強調したこと、社会福祉を文化として把握したことなどで知られている。

　このように、一番ヶ瀬の研究関心は多岐にわたっているが、ここでの文脈にかかわって重要な意味をもつのは、一番ヶ瀬が社会福祉概念の意味するところを「目的概念としての社会福祉」と「実体概念としての社会福祉」に区分したことである。[12]この区分によれば、目的概念としての社会福祉の意味するところは「社会の福祉」であり、社会福祉の理念、目的、目標、さらにはそれらの背景に位置する価値がその内容となる。これにたいして、実体概念としての社会福祉は、社会福祉にかかわる政策、制度、活動、運動など社会福祉の実体を指し示す概念である。

　これまでの議論とこの一番ヶ瀬による概念の区分を関連づければ、目的概念としての社会福祉に重なるのは広義の社会福祉、実体としての社会福祉に重なるのは狭義の社会福祉ということになろう。ただし、目的概念としての社会福祉と広義の社会福祉を同一視することには異論があるかもしれない。たしかに、両者は同一ではない。目的概念としての社会福祉は社会の福祉という抽象物であるが、広義の社会福祉には実体がともなっている。広義の社会福祉は多様な一般施策を

包摂する上位概念であるから、その内容を尋ねられればそれを構成する一般施策を列記すればよい。そのことを前提にしてのことであるが、広義の社会福祉にいう社会福祉の意味を尋ねられれば、その場合の回答はそれらの一般施策に共有されている要素（属性）あるいは特性ということになろう。そして、一般施策が多様であればそれだけ、抽出される共通の要素ないし性格は抽象的なものにならざるをえない。その結果、広義の社会福祉は目的概念としての社会福祉に近いものにならざるをえないのである。

こうして、一番ヶ瀬は、社会福祉を狭義の実態概念としてとらえることを前提に、次のように規定している。

社会福祉（は）、国家独占資本主義期において（略）、労働者階級を中核とした国民無産大衆の生活問題に対する「生活権」保障としてあらわれた政策のひとつであり、国家が他の諸政策とりわけ社会保障〔狭義〕と関連しながら、個別的また対面的に貨幣・現物・サービスの分配を実施あるいは促進する組織的処置と（してとらえられる）。[13]（括弧内は引用者）

一番ヶ瀬が研究の対象として措定したのは、実体としての社会福祉、すなわち狭義の社会福祉である。ただし、ここで二つのことに留意しておきたい。第一に、社会福祉を狭義に限定するにしても、そこにも理念、目的、目標がともなっているということである。社会の福祉に比較すれば限定的であるが、狭義の社会福祉にも理念、目的、目標がある。第二に、一番ヶ瀬も広義の社会福祉に関心がなかったわけではないということである。一番ヶ瀬は、一般施策としての社会政策——ここで一番ヶ瀬の念頭にあるのはイギリスやアメリカにいうソーシャルポリシーとしての社会政策である——に関心を寄せつつも、わが国に伝統的な社会政策概念のありようがそれを社会福祉研究のなかに取り入れることを困難にしていると指摘している。[14]

次に、一番ヶ瀬に先行するかたちで社会福祉学に取り組み、ソーシャルワークの紹介と適用、生活保護、公的扶助ケー

表 1　社会福祉の補充性について（三つの類型）

社会福祉独自の領域	一般対策の周辺領域	一般対策の領域
A．並立的補充性 （一般対策に対し，社会福祉が独自の領域をもち，相互補完的に並立している場合）	B．補足的補充性 （一般対策をより効果的にするための働きをしているもの）	C．代替的補充性 （一般対策の不備のため，社会福祉が代替的役割をはたしている場合）
例　特別養護老人ホームへの入所措置 在宅福祉サービス（たとえば，ホームヘルパーの派遣）	医療・教育・司法等の一般対策 ↑ 例　医療社会事業 就学奨励事業 保護観察事業	所得保障（年金等），医療，教育，雇用，住宅等の一般対策の不備 ↑ 例　福祉年金 生活保護（特に，住宅扶助，教育扶助）

仲村優一『社会福祉概論〔改訂版〕』誠信書房，1991 年

スワーク、社会福祉専門職論などに顕著な功績を上げた仲村優一を取りあげたい。一番ヶ瀬が大河内、孝橋、一番ヶ瀬という系譜に位置するのにたいし、仲村は、大河内、社会事業研究所、仲村という系譜に位置している。仲村の社会福祉の理解は、社会事業研究所、孝橋、一番ヶ瀬と同様に、狭義の社会福祉である。そのうえで、仲村の社会福祉理解の特徴となっているのは、仲村が社会事業研究所から社会福祉――社会事業研究所までは社会事業――の基本的属性を補充性とみる視点を直接的に受け継いでいることである。

より具体的には、仲村の補充性論は、社会事業研究所による社会事業の概念規定の「社会保険・公衆衛生・教育などの社会福祉増進のための一般政策とならんでそれを補い、あるいはそれに代わって」という部分を受け継ぎ、発展させたものである。仲村は、一般施策と「ならんで」、「補い」、「代わって」という三通りの局面に着目し、その全体を補充性という視点で把握している。[15] 社会福祉の一般施策を「補い」、それに「代わって」という特性は、ほとんど戦後社会福祉研究のキーワードになっているといってよい。それにたいして、「ならんで」という局面に着目し、しかもそれを補充性の一形態として把握した例は仲村をおいてほかにみられない。仲村の以前にも以後にも、「ならんで」という局

面に着目し、それを補充性の一つとする議論は存在しない。

仲村の社会福祉の補充性についての理解は、**表1**のようなかたちで整理されている。

仲村は、社会福祉の補充性を並立的補充性、補足的補充性、代替的補充性の三通りに類型化している。それぞれの類型についての説明は**表1**にみる通りであるが、この際煩《はん》を厭《いと》わず引用しておきたい。仲村のいう並立的補充性は、「一般対策に対して、社会福祉が独自の領域をもち、相互補完的に並立している場合」である。補足的補充性は、「一般対策をより効果的にするための働きをしているもの」である。代替的補充性は、「一般対策の不備のため、社会福祉が代替的役割をはたしている場合」である。仲村はさらにそれぞれの類型に該当するプログラムを例示している。並立的補充性に該当するのは特別養護老人ホームへの入所措置、在宅福祉サービスであり、補足的補充性に該当するのは医療社会事業、就学奨励事業、保護観察事業、代替的補充性に該当するのは福祉年金、生活保護（特に、住宅扶助、教育扶助）である。

仲村による社会福祉理解の特徴は狭義の社会福祉に焦点化していることだけにあるわけではない。その特性を補充性に求めていることにある。仲村の三通りの補充性のうち、並立的補充性は、社会福祉が一般対策にたいして「独自の領域」をもち、「相互補完的に並立」している状態を意味している。仲村固有の視点であるが、「独自の領域」をもち「相互補完的に並立」している状態がはたして補充性という用語になじむかどうか、その点疑問がないわけではない。あえて補充性という必要性はないのではないか。しかし、次の補足的補充性の「一般対策をより効果的にするための働きをしているもの」という規定の仕方は、社会福祉のこれからを考えるうえで示唆に富んでいる。

六　政策と援助の分離――社会福祉の「限定」その五

一九八〇年代の社会福祉学研究を主導したのは三浦文夫である。そのことは誰しもが認めるところである。周知のように、三浦の主著は『増補改訂 社会福祉政策研究』[16]であるが、その理論の特徴は、それまでの社会科学的研究に伝統的な、社会福祉を資本主義国家による政策という政策概念を相対化するとともに、さらにそこに計画という発想をもち込んだこと、対象を要援護性（福祉ニーズ）としてとらえたこと、貨幣的ニーズと非貨幣的ニーズを区別したこと、在宅福祉サービスの視点と枠組みを提起したこと、供給システムの多元化・多様化を支える枠組みを構築したことなどに求められる。

そのような三浦の社会福祉研究もまた社会福祉を限定することからはじまっている。三浦はその社会福祉概念についての議論を、大河内、社会事業研究所、孝橋、岡村と先行研究をたどりながら展開し、その結果として狭義の社会福祉を研究の対象として措定している。そのかぎりでは、三浦は戦後日本における社会福祉研究の伝統を継承している。そのうえで、三浦はそこにある種の限定を付け加えている。

これまた周知のことに属するが、三浦は、社会福祉の全体を政策にかかわる領域ないし過程と援助（実践）にかかわる領域ないし過程に分類し、政策の領域なり過程の分析と援助の領域なり過程の分析とは異なった認識の方法を必要とする、と指摘し、両者を峻別している。[17]三浦はかつての孝橋らによる政策か技術（援助）かというかたちで二項対立的、二者択一的にとらえようとする本質論争を否定し、同時に両者を統合し、一体的にとらえようとする立場（運動論ないし新政策論）にも異議を唱えているのである。

三浦は決して社会福祉の研究を政策の領域や過程に限定しようとしたわけではない。政策の領域や過程に関する研究と援助の領域や過程に関する研究は異なった科学（ディシプリン）に依拠する必要があると指摘するにとどまっている。三浦自身も援助の領域や過程に関心をもち、自治体による社会福祉計画の企画立案、策定にあたっては、援助の領域や過程を含め、総合的な計画としてとりまとめている。しかしながら、政策と援助を認識方法論の違いを根拠に峻別しようとするという立場は、結果的には両者を別の領域として乖離させてしまうことになる。そこにはある種の社会福祉の限定が成立している。科学方法論のレベルでは三浦の主張を認めるにしても、社会福祉の実体は政策と援助は一体的なものとして成り立ち、存在している。両者を別個のものとしてとらえようとすることには異議を唱えざるをえない。

このような政策と援助との違いを、政策と援助をそれぞれソーシャルポリシー（あるいはソーシャルアドミニストレーション）とソーシャルワークに置き換えて強調したのは星野信也である。[18] 星野の依拠するディシプリンは政治学であるが、ソーシャルポリシーまたはソーシャルアドミニストレーション研究の視点から社会福祉を論じたことで知られている。

星野は、一九九〇年代の十年間を社会福祉研究における失われた十年と規定し、その原因をわが国においてソーシャルポリシーとソーシャルワークの研究と教育が同じ学科や専攻のなかで行われていることに求めている。星野によれば、イギリスやアメリカにおいてはソーシャルポリシーやソーシャルアドミニストレーションとソーシャルワークは別の学科や専攻において研究教育されている。ソーシャルポリシーやソーシャルアドミニストレーションとソーシャルワークは別ものだからである。ソーシャルポリシーとソーシャルワークの教育や研究は別々に行われている。ソーシャルポリシーとソーシャルワークは学問（科学）的に別の領域に属するからである。そのような取り扱い方がグローバルスタンダードである。それが、甚だ不幸なことに、日本においてはソーシャルポリシーとソーシャルワークの教育と研究が同一の学科や専攻において行われている。そこから混迷と混乱が生じている。星野の論旨はおよそこのようなものである。

星野は、日本でソーシャルポリシーとソーシャルワークの研究と教育が混同され、一緒に行われていることが、一方において教育の混乱をもたらし、他方において研究における混迷と停滞を招いているという。一九九〇年代において、社会福祉の教育や研究にある種の混迷や停滞があったことは、あるいは星野の指摘する通りであったかもしれない。また、ソーシャルポリシーとソーシャルワークを別の学問領域に属するものとして研究したり、教育することが、適切かつ妥当であるかもしれない。

しかし、それでも、そうした研究と教育の方法がグローバルスタンダードであるといえるかどうか、必ずしも明確ではない。そのこと以上に、社会福祉の現業部門で求めている人材は社会福祉の政策や制度の動向を視野に収めつつ援助の領域や過程をになうことのできる社会福祉専門職であり、また社会福祉援助の実態やそのあるべき姿を視野に入れつつ政策立案や制度設計を行う資質をもった専門的な行政職員ではないか。ソーシャルポリシーとソーシャルワークの素養を兼ね備えている人材ではないのか。

政策にかかわるソーシャルポリシーと援助にかかわるソーシャルワークは別の領域に属するディシプリンとして扱われるべきであるという星野の議論は、科学方法論のレベルでいえば一定の問題提起としての意義をもちうるかもしれない。しかし、近年の多様かつ複雑で高度な福祉ニーズにたいして包括的かつ統合的な対応を求める社会福祉の動向に照らしていえば、必要とされているのは両者を区別することではない。むしろ、社会福祉にかかわる政策と援助をトータルに、一つの全体を構成するものとして把握し、それぞれの内容をより豊かなものにするという教育とそれを支える研究の方向であろう。

社会福祉の歴史のなかで、多様な事業（プログラム）が民間のソーシャルワークに先導されてはじまり、やがてそれが一定の成果を上げる段階において制度化され、政策化されるというかたちで形成されてきたことは事実である。このようなソーシャルワークの先導的な役割と機能は社会福祉が基本的に自治体や国の政策として位置づけられ、展開されているこんにちにおいても重要な意味をもっている。さらに、政策化され、制度化された事業はしばしばルーティン化し、柔軟性を喪失しがちである。ソーシャルワークには今後とも、そうした状況のなかで制度や政策と利用者のあいだで両者の潤滑油となり、制度や政策の変更を促し、あるいはより適合的な事業の創出やその政策化を推進するうえで大きな役割を果たすことが期待される。しかし、そのことと、ソーシャルポリシーとソーシャルワークを独立した別個の領域として扱うこととは別のことである。

さて、ここまで、わが国の社会福祉学研究が、一九三〇年代からこんにちにいたるまで、その対象を社会事業や狭義の社会福祉に限定することから出発してきたことを跡づけ、確認してきた。社会福祉研究の成果を高めるためには、研究対象としての社会福祉を一定の範囲に限定し、狭義に規定することを不可欠の要請としてきた。それにたいして、近年における社会福祉の動向は、過去の経験とは逆に、社会福祉の概念を拡大することを求めている。

しかしながら、ただ広義の社会福祉や一般政策の議論に回帰すればよい、一件落着ということではない。必要とされているのは、これまでわが国の社会福祉学研究が追求し、明らかにしてきた「狭義の社会福祉」の意義や性格を機軸におきつつ、これからの社会福祉のありようを展望し、その発展に貢献することのできるような社会福祉学研究の視点と枠組みを再構築することである。

〔註〕

(1)国際社会事業会議・日本国内委員会報告、一九五〇年

(2)この社会福祉概念の類型化は一番ヶ瀬康子による。一番ヶ瀬康子『社会福祉とはなにか（著作集第1巻）』労働旬報社、一九九四年、二一四頁

(3)この補充性概念の類型化は仲村優一による。仲村優一『社会福祉概論〔改訂版〕』誠信書房、一九九一年、一八～二〇頁

(4)大河内一男「わが国における社会事業の現在及び将来――社会事業と社会政策の関係を中心として」（大河内一男『増補社会政策の基本問題』日本評論社、一九五四年、所収）

(5)孝橋正一『全訂 社会事業の基本問題』ミネルヴァ書房、一九六二年、六一～六四頁

(6)同右、二四～二五頁

(7)同右、一七頁

(8)周知のように、ベヴァリッジ報告の五巨人悪についてはこれまでさまざまな訳語が与えられてきている。「窮乏（want）」や「疾病（disease）」についてはまず異訳はないし意味についての説明もいらないであろう。しかし、「無知（ignorance）」以下については多少の注解を加えておきたい。無知の語義を『広辞苑』で調べてみると、①知識のないこと、②知恵のないこと、おろかなこと、とある。無知といえば、一般には②の意味で理解されることが多いが、ベヴァリッジ報告は①の意味である。十分な教育を受けていないために知識が十分でない、ということである。さらにいえば、そのために生活を支えるに十分な所得をもたらすだけの職業に従事できない、という意味である。「狭隘（spualor）」については、「不潔」という訳語が一般化している。spualor を英和辞典にあたると、①不潔さ、②むさ苦しさ、あるいは①汚さ、むさ苦しさ、②卑しさなどとある（研究社『新英和辞典』電子版）。不潔さが最初に来ている辞書が多い。しかし、生活を脅かす要因という意味でいえば不潔というよりもむしろ「むさ苦しさ」があたっている。背景にあるのは、スラムとよばれる一定の地域に低所得者や浮浪者が一軒の家屋に複数の家族が居住し、かろうじて生きる極貧の世界である。不潔な生活であろうが、不潔というだけではとらえられない住環境のありようである。その点、ベヴァリッジ報告の全訳として定評のある『社会保険および関連サービス』（山田雄三監訳、至誠堂、一九六九年）においては「陋隘《ろうあい》」という訳語が与えられている。ベヴァリッジ報告の趣旨からすれば、不潔よりもこの訳語の方が適切と考えられる。陋は陋屋などの熟語にみるように、ぼろぼろの、粗末な、という意味であり、隘は狭いという意味である。ただし、陋隘は『広辞苑』などには採録されていない。陋隘を逆にして隘陋という熟語もあるようで

あり、これは三省堂の『漢和辞典』（長沢規矩也編著、一九九三年）に採録されている。また、陋隘ないし隘陋に類似し、語義も近い熟語に「狭隘」ないし「隘狭」がある。狭隘の狭は阜偏《こざとへん》と同義であり、語義はやはり狭い、狭苦しい、である。筆者はかつては隘陋を使い、最近では陋隘を使っている。分かりやすいという意味では狭隘でもいいように思える。しかし、ここは汚い、むさ苦しいという意味をもつ隘陋にこだわっておきたい。「失業(idleness)」については「無為」あるいは「怠惰」という訳語がみられる。idleness の語幹である idle には、辞書的には怠けものの、怠惰な、なにもしていない、仕事を休んでいること、などの語義がある（講談社『英和中辞典』、一九九四年）。その限りでは無為という訳語はそれなりに適切性をもっている。しかし、ベヴァリッジ報告の趣旨からいえば、idleness は仕事を休んでいること、これといった仕事についていない、という意味であると解されるため、ここでは日本語として理解しやすい「失業」を採用している。

(9) 岡村重夫『社会福祉原論』全国社会福祉協議会、一九八三年、四七頁
(10) 同右、六一頁
(11) 岡村重夫「社会福祉の概念」、仲村優一ほか編『現代社会福祉事典』全国社会福祉協議会、一九八二年、三頁
(12) 一番ヶ瀬康子、前掲書、二一四頁
(13) 同右、二二七頁
(14) 同右、二三四～二三七頁
(15) 仲村優一、前掲書、一八～二〇頁
(16) 三浦文夫『増補改訂 社会福祉政策研究』全国社会福祉協議会、一九九五年
(17) 同右、一四頁
(18) 星野信也「社会福祉学の失われた半世紀――国際標準化を求めて――」（『社会福祉研究』八三号、二〇〇二年）

第三章　社会政策と社会サービス

近年における社会福祉の動向に対応する方向で社会福祉概念の再構築を試み る次の段階として、これまでの議論に登場してきた概念にこれからの議論において使用する概念を幾つか追加し、若干の整理を試みるとともに、それぞれの概念について、必要な範囲で一定の規定を与えておきたい。取りあげる概念は、広義の社会福祉、ソーシャルポリシー、ソーシャルサービス、社会政策、社会サービスである。

一　ソーシャルポリシーとソーシャルサービス

まず、広義の社会福祉である。これについては、孝橋を含め、先行研究においてイギリスやアメリカでいうソーシャルポリシーやソーシャルサービスに照応するものとして扱われている。厳密にいえば、広義の社会福祉がイギリスやアメリカでいうソーシャルポリシーやソーシャルサービスに照応しているかどうかは、彼我の用語法についての比較衡量が必要とされる。しかし、実際問題としていえば、これまで広義の社会福祉に関して必ずしも詰めた議論が行われてきたというわけではない。そのうえ、社会福祉を広義、狭義に使い分けることは、煩雑なうえに内容的にも曖昧になりやすい。

このため、ここではまず、議論の便宜上、広義の社会福祉をソーシャルポリシーに照応するものとしてこれに置き換え、そのうえでソーシャルポリシーとソーシャルサービスの用語法について考察することからはじめたい。

周知のように、しばしばソーシャルポリシーとソーシャルサービスは互換的にもちいられることがある。しかし、必ずしも同義というわけではない。両者は、関連はしているものの、別の意味内容をもつ概念として扱われる。たとえば、アメリカのバーカー（Barker, R. L.）はソーシャルポリシーとソーシャルサービスについて次のように規定している。まず、バーカーによるソーシャルポリシーに関する規定である。

ソーシャルポリシーとは、社会が個人、集団、地域社会、社会制度間の関係に介入し、調整する活動ならびに原理を意味している。そのような原理や活動は、それぞれの社会に特有な価値や慣習の結果であり、社会における資源の配分と人びとの安寧のレベルを大きく左右する。こうして、ソーシャルポリシーは、政府、民間組織、一般の個人によって行われる教育、保健、矯正、経済保障、社会福祉を含んでいる。それはまた、その社会が何を奨励し、何を抑制するかを決定する観点を含んでいる。(1)

続いて、ソーシャルサービスに関する規定を取りあげる。

ソーシャルサービスとは、人びとの健康と安寧を促進し、自足性を高めるように支援するソーシャルワーカーその他の専門家によるさまざまの活動のことであり、そこには依存的になることを防止し、家族の絆を強め、個人、家族、集団、地域社会をより適切に機能する状態に回復するように援助することが含まれている。(2)

この規定がアメリカの専門家のあいだでどの程度受け入れられるものであるかは詳らかではないが、出典は全米ソーシャルワーカー協会より刊行されている辞典であり、それなりの一般性をもつものとして扱ってよいと考えられる。さらに、この規定を引用紹介する趣旨は、ソーシャルポリシーとソーシャルサービスにたいする規定がバーカーという一人の研究者によって与えられているということにある。

さて、先に、ソーシャルポリシーとソーシャルサービスは時に互換的にもちいられていると書いた。その余地がないわけではない。そのことはバーカーの規定からも十分読み取れることである。しかし、当然のことに、バーカーは両者を区別することに注意を払っている。ここではバーカーが両者を区別し、それぞれに独自の意味を与えようとしていることに留意することにしよう。

そのようなバーカーによる規定を援用していえば、ソーシャルポリシーが一定範囲の社会的な施策群のなかに包摂されている政策的な側面に着目する概念であるのにたいして、ソーシャルサービスはそこに含まれるプログラム（事業）とその実施過程という側面に着目する概念としてこれを理解することができる。このような両者の特性をさらに発展させるならば、ソーシャルポリシーとソーシャルサービスとの関係は、ソーシャルポリシーを上位概念とし、ソーシャルサービスはそれを構成する要素という関係にあるものとして位置づけることができる。ソーシャルポリシーのもとには多様なソーシャルサービスが含まれている。それらを総括する位置にあるのがソーシャルポリシーであるという理解の仕方である。

以下、ここではそのような意味でのソーシャルポリシーの訳語として改めて社会政策をあて、ソーシャルサービスの訳語として社会サービスをあてることにしたい。すなわち、社会政策を社会サービスの上位概念とし、社会サービスをそのような社会政策を構成する要素として扱うということである。

二　社会政策の再規定

このように社会政策を規定すると直ぐに問題になるのは、わが国に伝統的な社会政策概念との異同であろう。すなわち、大河内一男にみられる社会政策概念との関係をいかに処理するかということである。わが国の社会政策は明治以来の概念であり、当初はかなり広義のものであったが、大河内あたりから限定的なもちいかたが一般化する。大河内的な社会政策の概念は、資本主義経済を前提にする労働力の販売過程や消費過程にかかわる政策として位置づけられ、社会政策の名称のもとに賃金、労働環境、労働契約、労働組合、団体交渉、罷業、後には社会保険などに関する諸問題が取りあげられてきた(3)。

このような、伝統的な社会政策概念のもとに包摂されていた諸問題やそれにたいする政策的な対応のもつ重要性は指摘するまでもないことである。しかし、ここでは、一度そのような伝統的な社会政策概念から離れ、さきほどのバーカーにみられるようなアメリカないしイギリス的なソーシャルポリシー理解も援用しつつ、社会政策に新たな意味づけを与えることを試みたい。

一般に、政策とは、「一定の目的や目標を達成するために、所要の資源（権限、情報、財源、要員）を動員して計画的に展開される一連の方策手段あるいは手続き」のことをいい、しばしばそこには政策の企画、立案、策定ならびにその実現の過程が含まれている。日常生活のレベルで社会の動きをみていると、筆者の居住する社会は、一定の法則のもとに日常的な変化として推移しているようにみえる。しかし、社会は自然界にみられるような法則、原理や原則にもとづいて自己運動的に推移しているわけでない。需要と供給にかかわる自由な競争による価格の決定など、経済市場については、しばしばそのように仮定される。しかし、実際には、「見えざる手」が全面的に機能しているというわけではない。そこには、さまざまなかたちで個人、組織、政府などによる人為、すなわち政策が作用している。市民社会は、社会システム、経済システム、政治システム、文化システムという四通りの位相をもっている。

ここで筆者のいう政策とは、このような現代社会の社会システム、経済システム、政治システム、文化システムという、それぞれの位相において展開される。経済システムに対応する政策が経済政策とよばれるのは、周知のところである。筆者は、それと同様に、政治システムに対応する政策を政治政策（統治政策）、文化システムに対応する政策を文化政策とよぶことにしたい。このような文脈でいえば、社会政策は社会システムに対応する政策のことである。

経済政策は、通貨、金融、景気、貿易、企業、農業など経済の秩序維持や運営管理にかかわる政策である。政治政策という用語は耳新しいかもしれない。そうであれば、統治政策といってもよい。その内容をなすものは、政治、行政、司法、治安、行刑、軍事など社会の運営管理や秩序維持の機構にかかわる政策である。文化政策は、文化の創出や保全、その継承や発展をになう教育にかかわる政策として、これを規定することが可能である。

筆者は、ここで、現代社会を構成するシステムの一つ、社会システムにかかわって形成され、展開されている社会政策を、暫定的に、次のように規定しておこう。

社会政策とは、市民社会において個人、家族、集団、地域社会、社会階層、社会関係に介入・調整し、諸資源の配分や市民生活における安全、健康、安寧、人権、尊厳の維持、促進、回復に資することを目的に、国や自治体、民間組織や団体によって展開される特有の施策ならびにそれに関連する活動、さらにはそれを支え、方向づける原理の総体として、これをとらえることができる。

ここで筆者のいう社会政策は単一の社会的施策を意味する名辞ではない。それは、それを構成する多様な社会的施策群に共通して認められる特徴を表象する用語である。簡潔にいえば、社会政策は、市場メカニズムを通じて生活の必要を充足することができない人びとの生活の維持、促進、回復を意図して展開されている社会的な施策群を総称する名辞である。ここでは、そのような意味での社会政策を、イギリスやアメリカなどの英語圏でいうソーシャルポリシーに照応させる。そして、それを構成する要素としての社会的施策群をソーシャルサービスに照応させ、社会サービスとよぶことにしよう。

このような社会政策の用語法は、わが国に伝統的な社会政策の概念に慣れ親しんできた者にはいささか奇異に映るかもしれない。しかし、英語圏ではかなり一般的な用語法である。一例を挙げておきたい。イギリスのソーシャルポリシー研究者オルコック（Alcock, P.）は、社会政策を論じるにあたって、その内容（コンポーネント）として社会保障、保健、教育などの個別の施策に言及している。換言すれば、オルコックは、社会政策を上位概念として位置づけ、社会保障その他の施策をその構成要素とみなしているのである。(4)

三　社会政策を構成する社会サービスの範囲

それでは、社会政策を構成する社会サービス群にはどのようなものが含まれうるのか。このことに関連して、筆者がこれまで折りにふれて紹介してきたのは、イギリスのバフ（Baugh, W. E.）やアメリカのカーン（Kahn, A. J.）らのソーシャルサービスについての見解である。バフは、ソーシャルサービスを構成する施策群として、国民保険、補足給付、児童給付、家族所得補足、待期手当、国民保健サービス、コミュニティケアサービス（パーソナルソーシャルサービス）、児童サービス、教育サービス、青少年サービス、雇用サービス、住宅政策、都市計画、更生保護サービス、を挙げている。(5)これにたいして、カーンらは、ヒューマンサービス（ソーシャルサービス）を構成する施策群として、教育、所得移転、保健、住宅政策、雇用訓練、パーソナルソーシャルサービス、を挙げている。(6)

バフとカーンらのソーシャルサービスやヒューマンサービスを筆者の用語法でいう社会政策に置き換えていえば、そこには実に多種多様な社会サービス群が含まれることになる。バフの場合には特にそうである。さきに紹介したオルコックも、社会政策の内容として、社会保障、保健、教育、パーソナルソーシャルサービス、住宅、雇用、家族政策を挙げている。カーンらよりも幅が広い。三者三様、社会政策の構成要素として、多様な社会サービスが取りあげられている。

そこで、次に問題になるのは、バフ、カーンら、オルコックによって示されている社会サービス群がはたして社会政策という一つの概念のなかに収まりうるのか、そのようなものとして首尾一貫するかたちで説明されうるものか、ということである。たとえば、わが国では、教育を社会政策として位置づけるといえば、直ぐにも強い疑問が呈されるであろうし、都市計画についても同様であろう。

現在のところ、社会政策を構成する社会サービスの範囲について定説はないし、通説とみなせるような見解が存在しているわけでもない。そのことについて議論が定まっているわけではない。実際、社会政策を構成するとみなされる社会サービスの数や種類は、時代や国によって、また研究者によってかなり流動的である。しかし、それにもかかわらず、そこに核になる部分が存在していないわけではない。バフ、カーンら、オルコックのリストをみると、名称に多少の違いはあるにしても、所得移転、保健、教育、住宅政策、雇用訓練、パーソナルソーシャルサービス――わが国でいう福祉サービスにほぼ照応している――などは相互に重なり合っている。

ここで再度、一九四二年に策定され、第二次世界大戦後におけるイギリス福祉国家建設の青写真となったベヴァリッジ報告のことを思い起こしておきたい。同報告は、周知のように、「窮乏（want）」「疾病（disease）」「無知（ignorance）」「隘陋（spualor）」「失業（idleness）」という国民生活を脅かす五つの巨人悪としてとらえ、政策的な対応の必要性を強調したことで知られている。そのなかで、ベヴァリッジ（Beveridge, W. H.）は、従来これらのリスクにたいする対応が押し並べて窮乏対策という視点から展開されてきたことの反省に立ち、むしろ個々のリスクについて、その性格に適合する施策によって個別に対応する必要があると考えた。そのうえで、ベヴァリッジは、その報告書を、五つの巨人悪の筆頭である窮乏に対応する社会保障（社会保険とそれを補う公的扶助による所得保障）制度の創設を求める提言としてとりまとめている。しかし、その前提には、残された四つの巨人悪である「疾病」「無知」「隘陋」「失業」に対応する施策として、それぞれ保健、教育、住宅、雇用にかかわる施策を整備することが想定されていた。

そのことを考えれば、バフ、カーン、オルコックらがともに、社会政策の要素として所得保障（社会保障）、保健医療、教育、住宅政策、雇用政策を取りあげていることは十分に意味のあることとしなければならない。すなわち、社会政策を構成する社会サービスの中核に位置するものは、ベヴァリッジ報告の五つの巨人悪に対応する所得保障、保健医療、教育、住宅政策、雇用政策であるといってよい。次に、第二次世界大戦後に表面化し、社会問題化する生活上の「困難（difficulty）」に対応する施策としてのパーソナルソーシャルサービスが追加される。パーソナルソーシャルサービスが第六の社会サービスと称されることにはそれだけの意味が込められているのである。

さらに、こんにちでは、社会の多様化、複雑化、高度化にともない、生活にかかわるリスクは一層拡大してきている。たとえば、人権の「侵害（violation）」、情報の非対称性や判断力の低位性にともなう「不利（disadvantage）」、社会関係、つながりからの「排除（exclusion）」、社会的規範からの「逸脱（deviation）」などがそうである。そうしたリスクの出現ないし拡大にたいして、既存施策の見直しや新しい施策の創設が行われてきた。

こうして、所得保障からパーソナルソーシャルサービスにいたる六つの社会サービスを中心に、そこに幾つかの必要と思われる施策を追加し、その全体を社会政策を構成する社会サービスとして位置づけることが可能となる。すなわち、筆者のいう社会政策には、社会福祉、人権擁護・後見制度、消費者保護、健康政策、教育、雇用・労働政策、所得保障、保健サービス、医療サービス、少年・家事審判制度、更生保護、住宅政策、まちづくりが含まれることになる。

もとより、社会政策を構成する社会サービスの範囲は固定的なものではない。ここで、中核部分に位置する六つの社会サービス以外の施策を取捨選択した基準は、社会福祉とのつながりの程度である。そこには、範囲を広げようと思えば、災害被災者対策、環境保護対策、犯罪被害者対策などを付け加えることが可能であろうし、将来的にはさらに新しい施策が付け加えられるということも十分ありうるだろう。社会政策を構成する社会サービスのリストは、閉ざされたものというよりはオープンエンドの性格をもつものとして考えていかなければならない。

〔註〕

(1) Barker, Robert L.（1999）*The Social Work Dictionary*, 4^{th}edition, Washington, D. C. NASW Press. p. 355.

(2) ibid. p. 356.

(3) わが国における特有な社会政策概念については、たとえば大河内一男『増補社会政策の基本問題』（日本評論社、一九五四年）を参照されたい。

(4) Alcock, Pete（1996）*Social Policy in Britain : Themes and Issues*, London : Macmillan, pp. 18–19.

(5) Baugh, William Ellis（1983）*Introduction to the Social Services*, 4^{th}edition, London : Macmillan, pp. 1–2.

(6) Kahn, Alfred J. and Sheila B. Kamerman（1980）*Social Services in International Perspective : The Emergence of the Sixth System*, New Brunswick : Transaction books, Preface.

第四章　社会福祉概念の再構築

一　社会福祉と一般社会サービス

かねて、筆者は、現代社会において社会福祉が拡大する傾向にあること、それにたいして戦後社会福祉の研究が一貫して社会福祉を限定的に「狭義の社会福祉」としてとらえる方向をとってきたことを確認するとともに、近年の社会福祉の拡大に対応する新たな社会福祉理解の枠組みとして、社会福祉を新たにとらえ直された意味での社会政策（ソーシャルポリシー）を構成する社会サービスの一つとして位置づけることを提起してきた[(1)]。

この、社会福祉を社会政策の一環としてとらえるという理解の方法は、表層的には、かつての狭義の社会福祉と広義の社会福祉を対応させ、狭義の社会福祉を「広義の社会福祉」の一部分として位置づけるという理解の方法と重なり合うという印象を与える恐れなしとしない。しかし、筆者の意図するところは、社会福祉理解の方法を、狭義の社会福祉と広義の社会福祉と対比させ、狭義の社会福祉をもって研究の対象として措定するというかつての社会福祉理論解の方法に回帰させるということではない。筆者の意図は、ひとまず社会福祉を社会政策を構成する社会サービス群の一つとして位置づけ、そのうえで社会福祉をそれ以外の社会サービス、すなわち一般社会サービスとは相対的に異なった性格をもつ社会サービスとしてとらえる視点と枠組みを再構築するということにある。

筆者は、社会福祉を社会政策の一部を構成する社会サービスとして位置づけることを通じて、社会福祉だけを単独に研究の対象として措定する方法によっては把握することのできないような、社会福祉のもつ個別的な特性を抽出することができる、と考えている。すなわち、社会福祉を社会政策を構成する社会サービス群に共有されている普遍的な特性に照応させることを通じて、社会福祉の特性をより広い、そして深いところで理解することが可能となる、と考えている。このことは、社会福祉を社会政策の一つとして理解することによってもたらされる大きなメリットである。しかし、それにもかかわらず、筆者は、社会福祉に関する議論を、社会政策に関する議論のなかに収斂させ、解消させてしまうことは適切ではないといわざるをえない。

その理由は、社会福祉は社会政策を構成する社会サービスの一つとして、社会サービス群に共有される特性、すなわち社会政策としての特性をもつと同時に、他の一般社会サービスにはみられない固有な性格をもつという事実に求められる。その内容については後に詳論するとして、ここでは行論に必要な範囲で簡潔に言及しておきたい。

社会福祉にみられる固有な性格の第一は、社会サービスのなかで最初に形成されたということである。こんにち社会政策を構成している多様な社会サービスは、人権擁護・後見制度、消費者保護などを除けば、基本的には貧困問題に対応する施策としての社会福祉を起点としている。社会サービスのほとんどは、社会福祉を淵源とし、そこから分化、発展していったものといってよいのである。

社会福祉にみられる固有な性格の第二は、それが一般社会サービスとは異なる独自の対象（客体）とそれに対応する独自の方策手段をもつということにかかわっている。社会福祉の独自の対象は、従来社会的問題、生活問題、福祉ニーズなどとしてとらえられてきたものである。方策手段の独自性は、購買力、生活援助サービス、社会的配慮の提供の対面的、個別的な関係において提供することに求められる。

社会福祉のもつ固有な性格の第三は、それが一般社会サービスとは異なる独自の活動の領域をもつとともに、一般社会サービスを代替したり、補充したりする領域をもつことに求められる。ただし、社会福祉のもつ代替性や補充性は、一般社会サービスの存在を起点に、一般社会サービスの側から社会福祉をとらえた場合に浮上する性格である。社会福祉の側からいえば、社会福祉は、歴史的、淵源的に、人びとの生活上の諸問題の軽減、緩和、解決をめざして開発的、先導的な活動を行い、そのなかから一般社会サービスが形成され、普遍的な施策として発展してきた。

社会福祉が一般社会サービスを代替し、あるいは補充する領域をもつのは、このような社会福祉と一般社会サービス形成の関係に由来する。さらにいえば、代替性は一般社会サービスが形成された後において確認されることであり、一般社会サービスの存在がさきにあって社会福祉が代替性をもつわけではない。社会福祉の側からいえば、社会福祉が一般社会サービスにたいして代替性をもって成立するというわけではない。むしろ逆で、社会福祉は一般社会サービスにたいして先導性をもって成立する。その意味では、社会福祉は代替性というよりも先導性をもつというべきであろう。そのことについては後段において再論する。

社会福祉のもつ固有な性格の第四は、それがパーソナルソーシャルサービスとして展開されるということに求められる。わが国においては、パーソナルソーシャルサービスには一般に対人福祉サービスという訳語が与えられる。しかし、パーソナルの意味するところは「人にたいする」あるいは「人にたいして」ではない。「個別的に」あるいは「個別的な」である。パーソナルソーシャルサービスは、パーソナルに、あるいはパーソナルなかたちで提供（実施）されるソーシャルポリシーという意味である。すなわち、社会福祉のもつ固有な性格の第四は、それが、政策や制度というレベルにおいても、援助活動というレベルにおいても、パーソナルに、すなわち人びと、家族、地域社会のもつ福祉ニーズを個別化して（あるいは個別的に）扱おうとするところにある。

社会福祉のもつ固有な性格の第五は、社会福祉における政策の運用は人的サービス（専門職者による役務）に依存する部分が大きいということである。社会福祉における政策の意義や効用は、ほとんどの場合、利用者にたいする援助活動（ソーシャルワーク）を抜きにしては確定することができない。一般社会サービスで個別的な援助活動をともなう施策は存在しない。たとえば、社会保険の運用の過程において個別的な援助活動が行われることはないし、したがって給付業務を担当する職員に個別援助のための知識や技術の習得が求められることもない。社会保険についての議論は、政策と制度に関する議論のレベルでことたりるのである。他方、保健サービスや医療サービス、教育においては、利用者にたいする援助活動を内包している。その点では、保健サービスや医療サービス、教育と社会福祉は類似している。しかし、保健サービスや医療サービス、教育と社会福祉とでは、対象も方策手段のありようも異なっている。

これら五通りの社会福祉のもつ固有性のうち、第三、第四の固有性については、後にそれぞれ、領域としての固有性、アプローチとしての固有性として詳論する。

二　社会福祉のL字型構造

さて、筆者はかねて、これまで取りあげてきたような社会福祉と、社会政策との関係、またそれを構成する一般社会サービスとの関係を議論する枠組みとして活用する目的で「社会福祉のL字型構造」という概念を提起してきた(2)。それは、近年明らかになってきた社会福祉と一般社会サービスとの接点や協働の拡大を前提に、社会福祉と社会政策、そして一般社会サービスとの関係を再構築し、そのことを通じて社会福祉のレーゾンデートルやその基本的な性格をより一層明確なものにしようとする試みにほかならない。社会福祉を、これまで伝統的にわが国の社会福祉研究を特徴づけてきた「狭義の社会福祉」への限定から一旦解放するとともに、人権擁護・後見制度、消費者保護、健康政策、教育、雇用・労働政策、所得保障、保健サービス、医療サービス、保護観察、住宅政策、まちづくりなどを含む社会政策全体のなかに埋め戻し、そこからもう一度社会福祉のレーゾンデートルや基本的性格を彫琢し直そうとする試みであるといってよい。

ただし、再度にわたって確認することになるが、社会福祉を社会政策全体のなかに埋め戻すといっても、そのことは「狭義の社会福祉」概念を放棄し、「広義の社会福祉」(＝社会政策)概念に回帰するということではない。ただ「広義の社会福祉」概念に回帰するということでは、社会福祉という存在は雲散霧消し、これまでの社会福祉学の研究は烏有《うゆう》に帰すことにもなりかねない。社会福祉を社会政策全体のなかに埋め戻すという作業は、同時に社会福祉のレーゾンデートルや基本的性格を彫琢し直し、その一般社会サービスのなかにおける固有性を明らかにするという作業でなければならない。

図1は、そのような「社会福祉のＬ字型構造」の概念イメージである。まず、**図1**においては、社会政策と社会サービスとの関係が示されている。図中の縦棒は社会政策を構成する社会サービスを意味し、社会政策がそれらの社会サービスの上位概念として位置づけられている。社会福祉は、社会サービスの一つとして横並びに示されている部分と、社会福祉以外の一般社会サービスについてそれらと重なり合う部分を同時的に有する存在として示されている。前者が英字Ｌの縦棒の部分に該当するとすれば、後者は英字Ｌの横棒の部分に該当する。すなわち、「社会福祉のＬ字型構造」とは、社会福祉がそれ以外の一般社会サービスとは区別される独自の部分と、一般社会サービスを補充し、あるいは代替する部分をあわせもつという性格を有することを英字Ｌのかたちになぞらえ、象徴的にとらえようとするものである。

社会政策を構成する社会サービスの範囲をどのように設定するかについてはすでに論じたところであるが、ここでは社会福祉以外に、人権擁護・後見制度、消費者保護、健康政策、教育、雇用・労働政策、所得保障、保健サービス、医療サービス、少年・家事審判制度、更生保護、住宅政策、まちづくり、を挙げている。図の下段には、Ｌ字型の横棒の部分、すなわち社会福祉と一般社会サービスが交錯する部分に該当するプログラム（事業）を例示しておいた。

下段の趣旨について簡潔に言及しておきたい。例示しているのは、福祉サービス利用援助事業（日常生活自立支援）、サービス提供事業者による情報開示、誇大広告の禁止、障害者・高齢者スポーツ、介護予防事業、生活保護事業はもとより、福祉（保護）雇用、障害者就労支援、障害児・者施設、学校ソーシャルワーク、精神保健ソーシャルワーク、医療扶助や更生医療、育成医療などの特別医療、医療ソーシャルワーク、高齢者住宅、青少年の自立支援施設、刑余者就労支援、ケア付き住宅、福祉のまちづくり事業等々の広汎なプログラムである。これらのプログラムはいずれも施策の範疇と

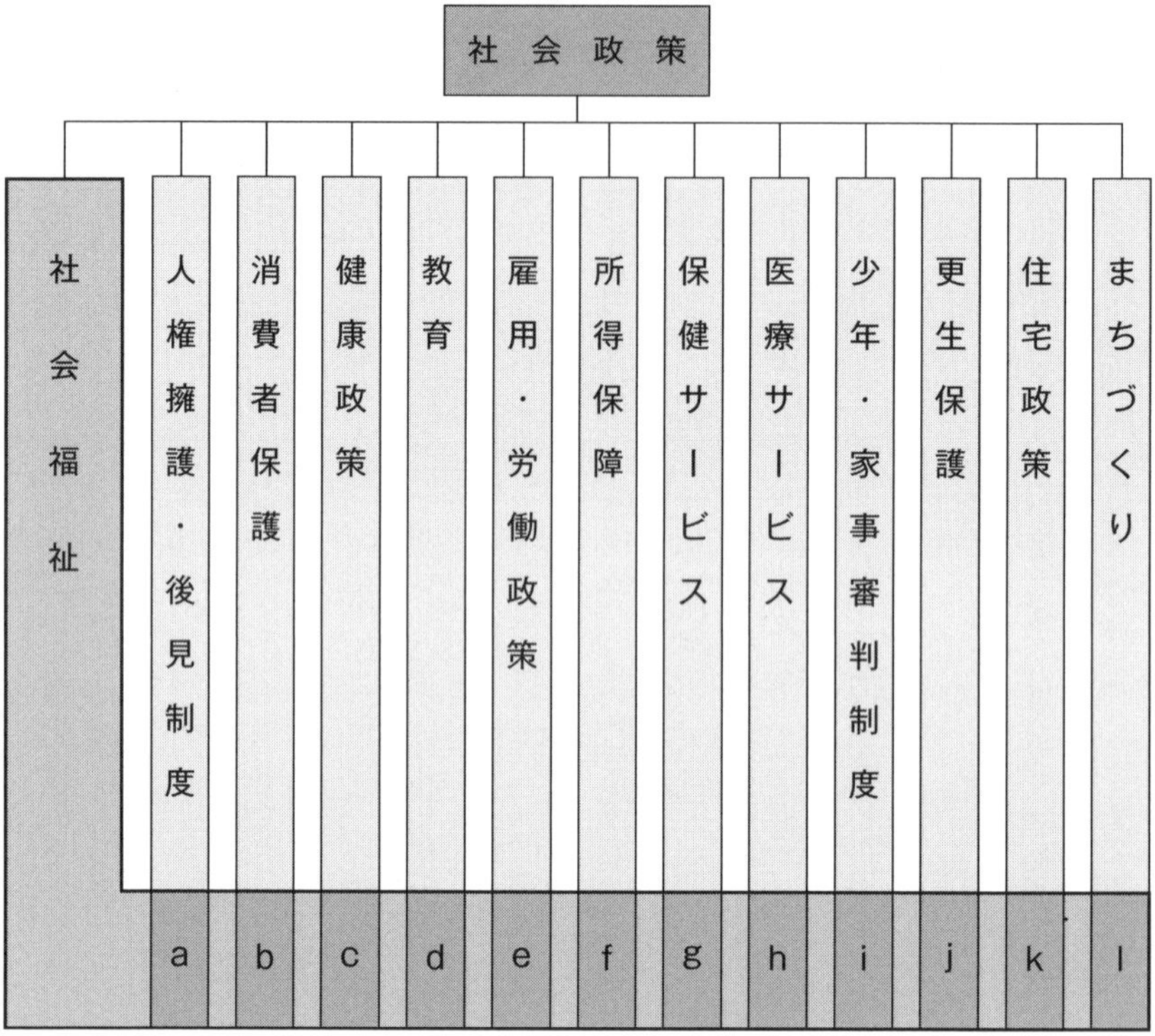

※社会福祉が一般社会サービスと交錯する部分に位置する事業の例示

a　福祉サービス利用援助事業（日常生活自立支援事業）等
b　サービス提供事業者による情報開示・誇大広告の禁止・苦情対応等
c　障害者スポーツ・高齢者スポーツ・介護予防事業等
d　各種障害児施設・学童保育・学校ソーシャルワーク
e　就労支援・福祉雇用・作業所・授産施設等
f　生活保護・各種の貸付制度等
g　乳幼児・妊産婦・老人保健サービス，精神保健ソーシャルワーク等
h　医療扶助・更生医療・育成医療・医療ソーシャルワーク等
i　青少年保護サービス・家事調停サービス等
j　更生保護相談・就労支援等
k　低所得者住宅・高齢者住宅・母子生活支援施設等
l　福祉のまちづくり事業等

図１　社会福祉のL字型構造（イメージ図）　古川孝順　作成

しては社会福祉に属するものとされるが、内容的、機能的には一般社会サービス群と密接にかかわり、一部についてはそれらを補充したり代替するという関係にある。

三　固有性の再確認

（一）　固有性の意味

それでは、社会福祉は多様な一般社会サービスにたいしてどのような固有性をもつのであろうか。すなわち、次の課題は、社会福祉は多様に存在する社会サービスのなかにあっていかなる点においてその固有性を主張しうるのか、ということである。

ただし、その議論に入り込む前に念のためにいっておけば、しばしば固有性という概念にかかわって、社会福祉が社会制度一般のなかで有している性格についての議論とそれが社会サービスのなかで有する性格についての議論とが混同して理解されていることがある。筆者のいう社会福祉の固有性は、社会制度一般のなかでの固有性ではない。社会福祉のもつ固有性は、社会サービスのなかでの固有性であり、社会制度一般のなかでの固有性という議論とは別のものである。

ちなみに、筆者は、社会福祉をとらえる基本的な前提として、あるいは社会福祉なるものを彫琢する基本的な起点として、生活維持システムと生活支援システムとを区別し、後者を生活維持システムが十分かつ適切に機能しえないときに形成されるシステムとしてとらえている。社会福祉は、生活維持システムが十全かつ適切に機能しえないときに形成される多様な生活支援システムの一つである。

すなわち、このような社会のマクロシステムについての理解を前提にすれば、社会福祉のもつ性格は、基本的には生活維持システムにたいして補充的であるといわなければならない。その生活維持システムの構造と運動は、資本主義社会においては、市場と家族を前提としている。かつてウイレンスキーとルボー（Wilensky, H. L. & Lebeaux, C. N.）が、社会福祉は市場と家族が十全かつ適切に機能しえないときに登場し、やがて制度化されると指摘していたことを思い起こしてみたい。市場と家族は、資本主義社会においてもっとも重要な、フロントランナーの地位にある社会制度である。社会福祉は、それらが十分かつ適切に機能しないときに形成され、利用される。(3)

かかる文脈においていえば、たしかに、社会福祉は市場と家族にたいして補充的である。社会福祉は市場と家族のありようによって、その内容や規模が規定される存在である。社会福祉は、市場において労働力の販売が実現されえない場合、あるいはその価格が労働力の維持・再生産を可能とする水準に達していない場合に必要とされる。また、高齢、障害、幼弱、傷病などのために特別の生活資料や生活サービスを必要とする家族が独力でそれだけの生活資料や生活サービスを確保しえないような場合にも、社会福祉が必要とされる。

しかし、ここでの関心は、そのような市場や家族と社会福祉との関係にあるわけではない。市場や家族にたいする関係ということでいえば、補充性は社会福祉にだけみられる性格ではない。社会福祉を含む、社会政策を構成する社会サービスのすべてについて補充的な性格をもつといわなければならない。ここでの筆者の関心は、社会福祉が、そのような社会政策を構成する社会サービスの一つとしてもつ固有性に向けられている。すなわち、社会福祉が、それ以外の、一般社会サービスにたいして主張しうる固有の性格ということである。

以下、そのような意味での社会福祉の固有性について「領域としての固有性」と「アプローチとしての固有性」という二通りの側面からやや詳細に考察しておきたい。前者の社会福祉の「領域としての固有性」は、①独自性、②先導性と補充性によって構成される。後者の社会福祉の「アプローチとしての固有性」は、①個別性、②包括性と総合性、③媒介性と調整性から構成される。

つことを物語っている。

（二）　領域としての固有性

●独自性

社会福祉のL字型構造の縦棒の部分は、社会福祉が他の一般社会サービスのいずれにも吸収されえない独自の領域をもつことを物語っている。

社会福祉は、その歴史、淵源という視点からいえば、近代市民社会の生成期に最初に出現した社会政策であり、社会サービスであるといってよい。周知のように、社会福祉の歴史は、幼弱、老齢、傷病、障害、無業、浮浪などのため生活の自立を維持しえない人びとについて、その生活を丸ごと、いわば丸抱え的に引き受け、救済する活動からはじまっている。すなわち、社会福祉の歴史は、共同体内部の生活自立不能者にたいする相互扶助的な救済活動、共同体と共同体の狭間にいる生活自立不能者にたいする宗教的ないし慈恵的救済活動としてはじまり、それらが近代市民社会が成熟する過程で徐々に世俗化し、組織化され、地方行政や国の統治機構のなかに組み込まれるという経過をたどる。

その過程において、イギリスでいえば一九世紀の末から二〇世紀の初頭にかけて、社会福祉の先駆形態である救済制度（救貧法・慈善事業・友愛組合）の内側から、あるいはそれと並行するかたちで、貧困低所得層を対象とする多様な社会サービスが形成される。所得保障（年金保険）、医療サービス（医療保険）は前者の例であり、雇用・就労政策（労働者保護・失業保険）、保健サービス（公衆衛生）、住宅政策、まちづくり（スラムクリアランス）は後者の例である。

次に、これらの社会サービスが登場することにともない、救済制度の側にも変化がうまれる。それまでの救済制度は、貧困低所得層にたいする経済的な生活支援システムとしての機能を所得保障に大幅に委ねはじめる。傷病や疾病にたいする医療保障の機能については医療サービスに委ねはじめるのである。その結果として、救済制度は、その機能を幼弱、高齢、障害、家族関係にかかわる生活上の困難などに対応する保護的な活動に特化させる方向に歩みはじめる。そこから、幼弱者、高齢者、障害者にたいする施設保護や家族相談事業、家事・少年審判などをその主要な内容とする社会事業が形成される。

岡村重夫の用語法を借用していえば、かつてのイギリスの救済制度は一九世紀から二〇世紀への世紀転換期に保護的な機能を中心とする社会事業に転化し、さらに第二次世界大戦以後になると社会福祉に発展する。岡村も、社会福祉が、歴史的、淵源的に、保護的機能からはじまることを認めることにやぶさかではない。ただし、岡村においては、この保護的機能は社会福祉以外の社会サービスの発展にともない、やがては消滅するべきものとして位置づけられている。岡村の理論体系を成立させるためには、そのようにならざるをえない。(4) しかしながら、このような岡村による保護的機能の位置づけには重大な難点が含まれている。

たしかに、社会制度と個人の社会関係の主体的側面の不調和に社会福祉の固有の課題をみいだそうとする岡村の理論的な枠組みからすれば、保護的機能は社会福祉の前駆的な形態の残滓であり、いずれ消滅させられなければならない。しかしながら、実態を冷静にみれば、社会福祉は保護的機能から出発したというだけではない。現在においても、保護的機能は社会福祉の核心に位置する機能である。たしかに、今後、社会福祉以外の一般社会サービスがさらに充実すれば、社会福祉の保護的機能の一部がそこに引き取られるという事態が到来することも十分に考えられることである。それでも、社会福祉のもつ保護的機能の核心的な部分、すなわち人びとの生命と活力の維持再生産、そして生活関係（家族関係）の維持再生産に直接的にかかわるような部分は、それ以外の一般社会サービスによっては充足されえない機能として残り続けざるをえない。

近年、社会福祉における生活丸抱え的なプログラム、すなわち入所型施設による生活支援プログラムの位置づけは徐々に縮減してきている。少なくとも、政策的には縮減させるという方向が追求されている。施設福祉型サービスよりも在宅型の生活扶助や生活支援サービスが施策の中心になっている。しかし、実態的にみるかぎり、入所型施設による生活支援は、わが国の社会福祉において引き続き中心的な位置にあり、将来においてもその位置づけが顕著に変化することはないであろう。そのことは、児童養護サービス、高齢者介護サービス、障害者療護サービスなどにたいするニーズの実態、たとえば居住型をとる介護施設にたいして定員に匹敵するほどの入所待機者が登録されている事実をみればおのずから明らかであろう。

これに加えて、近年、家事支援、家族内における虐待の防止や救済、DV支援など家族関係や家族機能の修復や補強を目的とするプログラムにたいするニーズが拡大する傾向にあり、社会福祉による対応が求められてきている。これらの家族関係や家族機能の修復や補強を目的とするプログラムは、前出の丸抱え的な保護的サービスとは異なり、居宅型のサービスという形態をとることが多い。しかし、それらのプログラムは、すでに社会福祉のL字型の縦棒の部分を構成する重要な要素の一つになっており、その比重は今後一層拡大することが予想される。

このように、社会福祉の領域としての固有性は、第一にはL字型の縦棒の部分にその根拠を有している。縦棒の部分は、社会福祉が貧困低所得者にたいする生活の丸抱え的な支援プログラムから直接的に由来していることにかかわっている。そして、こんにちにおいてもそのような生活支援の必要性はいささかも失われていない。加えて、縦棒の部分は、近年家族関係の修復や家族機能の補強を目的とするプログラムの拡大がみられ、それが社会福祉の重要な構成要素になって、むしろ拡大する傾向にある。

先導性と補充性

社会福祉の固有性は、いま一つ、それが社会福祉以外の一般社会サービスにたいして先導性と補充性をもつことに関連している。**図1**の社会福祉のL字型構造の横棒の部分に対応する特性である。

周知のように、社会福祉が一般社会サービスにたいして代替性と補充性をもつという言説は大河内一男や孝橋正一の社会事業論に由来する。(5) その後の研究においても、代替性と補充性は、社会福祉の重要な特性として受け入れられてきた。筆者もまた、これまでこの言説を援用してきた。しかしながら、こんにち、これら二つの特性のうち代替性については改めて考察し直してみる必要があると考えている。すでに論じてきたように、社会福祉が一般社会サービスにたいして代替性をもつという言説は一般社会サービスの側からする社会福祉理解の方法に由来するものであり、社会福祉の側からみれば、その代替性はむしろ社会福祉が一般社会サービスにたいして先導性をもつことの結果であると考えられるからである。このような観点から、以後、筆者は、これまで「代替性」としてとらえてきたものを「先導性」として規定することとし、ここであらかじめそのことを明示しておきたい。

社会福祉が一般社会サービスにたいして代替性や補充性を有しているという表現は、あたかも一般社会サービスが先行して成立し、その後に、それらの一般社会サービスを代替し、補充する社会福祉が成立したかのような印象を与える。しかし、もとよりそのような社会福祉の位置づけは大いなる誤謬である。歴史的、実態的には、先行し、先導したのは社会福祉である。一般社会サービスは、基本的には、そのような社会福祉によって開発され、発展させられてきた機能を引き継ぎ、その機能をより一般的、普遍的に追求するというかたちで成立し、発展してきている。また、社会福祉は、それ自体が発展し、より一般的、普遍的な性格をもつようになったことによって、それまでかかわりをもつことのなかった一般社会サービスと接点をもつようになる。そこにおいても、社会福祉が一般社会サービスにたいしてそれを代替し、あるいは補充するという認識がうみだされることになる。

しかし、ここで、一九世紀末から二〇世紀初頭に民間救済事業（慈善事業）と公的救済事業（救貧法）との関係に関する議論として著名な「平行棒の理論」と「繰出梯子の理論」の拮抗について思い起こしておきたい。平行棒の理論によれば、民間救済事業と公的救済事業とは、互いに交わることのない平行棒のように、相互に接点をもつことのない別々の独立した存在であって永久に接点をもつことはない。それにたいして、繰出梯子の理論は、民間救済事業と公的救済事業との関係は、まず民間救済事業が開発的、先導的な事業を展開し、やがて一定の成果がみられる段階になると、その機能をより高い組織性、継続性、安定性をもつ公的救済事業に引き渡し、民間救済事業はさらに開発的、先導的な事業を追求するという関係にあり、このことは繰出梯子の先端と基体部分との関係に擬すことができると主張したのであった。

この議論を社会福祉と一般社会サービスとの関係に援用していえば、社会福祉と一般社会サービスとの関係は相互に独立した平行棒の関係にあるわけではない。社会福祉と一般社会サービスとの関係は繰出梯子の関係にある。多様な社会サービスのなかでまず歴史的に先行するのは、社会福祉の前駆的形態としての貧困救済事業である。次に、一部の社会サービスが、そのような貧困救済事業のもつ機能の一部をより一般的、普遍的に追求するかたちで成立し、発展する。また、一部の社会サービスは貧困救済事業と関連しつつ、その周辺から一般的、普遍的な課題を追求して成立する。

たとえば、高齢者の貧困に予防的に対応する年金保険は、貧困救済事業を母体として成立する。しかし、それは、貧困救済事業の直接的な後継者である公的扶助に先行して、より一般的、普遍的な施策として運用される。その結果、それまで貧困者救済の主役の位置にあった公的扶助は、主役の座を年金保険に譲り、年金によって最低生活を維持できない貧困者や年金受給の資格のない貧困者に支給されることになる。すなわち、公的扶助の前駆形態である貧困救済事業は、年金保険が成立する以前においては、将来年金保険がになうべき高齢者にたいする所得の保障という機能を代替していたことになる。そして、年金保険が成立した後においては、公的扶助は年金のみによって生活できない貧困者に一定の所得を追加支給し、年金保険を補充するという機能を果たすということになる。貧困救済事業が年金保険を代替するということは、年金保険の成立以後においてはじめていえることであって、貧困救済事業があらかじめ年金保険を代替する機能をもって成立するわけではない。このような貧困救済事業と年金保険との関係は、年金保険にかぎったこととはいえず、他の一般社会サービスについてもいえることである。筆者が社会福祉の代替性を内容的に先導性に置き換えようとするのは、社会福祉と一般社会サービスの関係にかかわる歴史的、理論的な経緯に由来する。

次に、社会福祉の補充性である。たとえば、年金保険にたいする社会福祉の補充性は、先にみたように、年金保険による所得保障が不十分であったり、年金保険の受給資格が欠落している場合に発揮される。より一般化していえば、社会福祉の補充性は、第一に、一般社会サービスの内容が量的にみて不十分であったり、受給資格が欠落している場合に発揮される。代替的補充性ともいうべきものである。この場合の代替性は、先に言及した社会福祉がその先導性の結果として背負うことになる代替性とは性格を異にしている。それは、字義通り、一般社会サービスが成立したのち、それが不十分であったり、利用者が種々の理由により一般社会サービスを利用する資格を欠落させているような場合に形成される代替性であって代替的補充性のアクセントは補充性のうちにある。

社会福祉の補充性は、第二に、一般社会サービスが一般性、普遍性を獲得して自立する過程において取り残した部分にたいして発揮される。すなわち、社会福祉の補充性は、一般的、普遍的な施策として構成される一般社会サービスでは対応しえない個別的なニーズに対応して発揮される。いわば、個別対応的補充性である。たとえば、障害児施設サービスと教育制度とのあいだには、障害児施設サービスが教育を補充するという関係がみられる。教育のなかでも初等教育は、貧困低所得層の子どもたちにたいする庶民教育に起源する。イギリスでいえば、教会等による慈善学校、救貧法の児童施設（救貧法学園）による教育、工場法による教育条項に起源をもっている。このようなイギリスの初等教育は、やがてより資質の高い労働力を求める産業界の要請に応え義務化されることになる。その過程において、効果的、効率的な一斉授業に適応しえない子どもたちは一般性、普遍性を追求する教育制度から排除され、社会福祉のなかに取り残される。こうして、社会福祉は教育にたいして個別対応という補充的機能を果たすことになる。

さらに、第三に、社会福祉の補充性は、一般社会サービスに側面から関与しつつ、その機能を促進するという役割をもっている。たとえば、医療サービスや学校ソーシャルワークなどとよばれる社会福祉の領域は、それぞれ医療サービスや教育の領域にかかわってその機能を高めるという働きを行っている。仲村優一のいう補足的補充性である。(6)

第四に、社会福祉の補充性は、社会福祉それ自体が一般化し、普遍化する過程において必要となり、追加されたプログラムにかかわっている。この意味での補充性は、社会福祉が一般化し、普遍化する過程において、それまで直接的にかかわりをもっていなかった一部の社会サービスと接点をもつようになった状況において形成される。成年後見制度にたいして補充的に機能する福祉サービス利用援助事業や消費者保護制度にたいして補充的に機能する苦情対応事業などはその例証である。普遍化対応補充性といえばよいであろうか。

このような、社会福祉のL字型構造の横棒の部分に相当する先導的ないし補充的プログラムの内容は常に一定しているというわけではない。その範囲や内容は、時代や社会とともに変容し、一般社会サービスの発展拡充や社会福祉それ自体の一般化、普遍化にともない、一般社会サービスのなかに吸収されたり、新たに追加されたりするという性格をもっている。障害児にたいする社会福祉としてはじまった特別支援教育は前者の例であり、福祉サービス利用援助事業（地域福祉権利擁護事業）は後者の例である。

（三）アプローチとしての固有性

● 個別性

一般社会サービスが一定の範疇に属する階層や集団のもつニーズにたいして一般的、普遍的に、多少その性格を誇張していえば、画一的に対応するように構成されているのにたいして、社会福祉は個別的、特殊的に対応するところにその特徴が認められる。一般社会サービスが一定の基準にもとづいて画一的に対応することが適切性に欠けるというわけではない。むしろ、社会的な公平性や平等性を確保するためには、そのような対応が求められる。効率性を確保するためにも一律の対応が求められることがある。それにたいして、社会福祉には、個人、家族、地域社会などのもつ福祉ニーズの個別性と多様性に適切に対応することが求められる。

イギリスにいうパーソナルソーシャルサービスとわが国の福祉サービスは、内容的にみてほぼ重なりあうという関係にある。そのパーソナルソーシャルサービスがパーソナルという修飾語をもつのは、すでにみたように、対人的という意味からではない。個別的に対応するソーシャルサービスという意味である。わが国ではパーソナルソーシャルサービスの訳語として対人福祉サービスをあてているが、この訳語は適切ではない。社会福祉に限らず、社会サービスは、直接的であるか間接的であるかを別にすれば、いずれも多かれ少なかれ対人性をもっている。社会サービスは、基本的には、社会的にみてバルネラブルな状況におかれている個人や家族にたいする社会的な施策として存立する。したがって、パーソナルを対人的と訳すことには意味がない。個別的と訳してはじめてパーソナルソーシャルサービスの語義を掌握した訳語になるといわなければならない。

ここでも理解を容易にするという意味で年金保険を例にしたい。年金制度は基本的には加齢にともなう生活不安や生活危機を一定の年齢以上の高齢者層という範疇でとらえ、これにたいして一定の基準に照応して設定された年金を支給し、生活の安定を保障することを意図した施策である。この施策においては、ニーズは高齢者層という範疇に共有されたものとしてとらえられ、一定の年齢になればそれに応じて自動的に定額の老齢基礎年金ならびに被用者であれば一定の基準——退職前の所得と勤務年数——に応じた額の老齢厚生年金が支給される。そこでは、個々の高齢者の生活の実態、すなわち個別の年齢、健康状態、家族構成、従前の職業、生活習慣、趣味、宗教などの違いが問われることはない。年金保険による年金の支給額は定量的にのみ扱われ、受給者の生活の質が問題になることはない。

社会福祉の場合には、生活の量の側面よりもむしろ質の側面が重視される。個人や家族の生活は第一義的には所得によって規定される。しかし、所得による規定はいわば外形的なものであり、生活自助原則のもとに展開されている生活の実相は、家族の構成、年齢、健康状態、生活習慣、従前の職業、趣味、宗教などの文化、社会とのつながりなど多様な要因に規定され、多様性と個別性をもって形成され、維持されている。社会福祉は、そのような家族生活のなかに形成される福祉ニーズに対応する必要があり、そこに個別的なアプローチが求められることになる。

それだけに、援助提供の開始を判断するにあたっても、年金保険が一律に受給資格の確認（エンタイトルメント）というかたちをとるのにたいし、社会福祉においては個別的かつ裁量的（ディスクレッショナル）な診断や認定というかたちをとることになる。

ちなみに、時折、ケースワークを「箱づくり」と訳す話がジョークとして紹介される。しかし、実はこの訳はあながち誤訳であるとばかりはいいきれない。ケースの語義は特定的な個々の出来事や事情であり、「事件」や「事例」と訳すのが一般的である。その背景には、ある事件や事例を類似のそれと区分して取り扱う、処理するという発想がある。ケースのもう一つの語義は箱である。箱は区分（分類）するための装置である。これら二つの語義は辞書的には別々に掲載されている。しかし、両者を結びつけていえば、ケースという言葉から特定の事件や事例を箱に入れて他と区別し、他の事件や事例とは異なるものとして個別に扱うという意義を読み取ることができる。ケースワークを「箱づくり」と訳して必ずしも誤訳とばかりはいいきれないのである。

包括性と総合性

他方、社会福祉による援助は、包括的、総合的なアプローチとなるところにその特徴が認められる。援助が入居型施設によって丸抱え的に行われる場合にアプローチが包括的、総合的になるのは当然のことであるが、在宅福祉型の援助であっても包括的、総合的であることが求められる。

そのことは、人びとの生活が分節性とともに全体性をもつこと、総じていえば統合性をもつこととかかわっている。援助は心身の機能や健康状態など生活の一部分（分節）に向けられたものであっても、生活の全体にたいする配慮が必要とされる。生活の一部にたいする援助も生活の全体を視野に入れた援助であることによってその有効性を高めることができる。個別サービスの断片的なかたちでの提供では不十分であり、生活の全体をとらえ、適切に組み合わせられたかたちでの提供が求められる。その場合、提供されるサービスは社会福祉に属するサービスに限定されるわけではない。社会福祉の援助は、社会福祉以外の一般社会サービスを含め多様な社会サービスを動員し、包括的、かつ総合的に提供されなければならない。

社会福祉ではしばしば生活主体や生活者という概念をもちいる。人間の生活はそれを支える社会システムとの関連でいえば多様なフェイズ（位相）をもっている。人間は経済システムとの関連では経済人、より具体的には労働者（勤労者）や消費者である。保健サービスとの関連でいえば妊産婦や乳幼児、高齢者など健康維持に配慮を必要とする人びと、医療サービスとの関連でいえば患者、教育との関連でいえば生徒や学生である。夫や妻という位相もあればホモルーデンス（遊ぶ人）という位相もある。地域の住民としての位相もあれば、教会や寺院の信者という立場もありうるかもしれない。

このように、人びとの生活は多様な位相をもつが、その根のところでは一つにつながっている。人びとの生活における分節性と全体性は生活のもつそのような性質にかかわっている。生活者という概念は、人びとの生活が多様な位相、分節性をもちつつ、全体性と統合性をもちながら成立している。社会福祉は、そのような生活者としての人間とその生活のありようを前提に、総合的、包括的なアプローチのもとに提供される必要がある、ということである。

媒介性と調整性

こうして、社会福祉による援助が包括的、総合的アプローチでなければならないのは、人びとの生活が分節性とともに全体性をもつことにかかわっている。人びとの生活は多様な位相をもっている。人びとの生活は、労働者、消費者、患者、学生、家族の一員、地域社会の住民、趣味クラブの会員など多様な位相をもって維持されており、一つの位相に起こった困難や障害は隣接する位相に、さらには生活の全体に影響を及ぼさざるをえない。そこに、社会福祉によるアプローチが包括的、総合的であることが求められる。

他方、このような人びとの生活、そこに生起する生活上の困難や障害のありようは、別の側面からいえば、社会福祉の援助が生活の多様な側面に対応する社会サービスを動員しながら行われる必要性のあることを物語っている。たとえば、認知症のある単身の高齢者の地域生活を支援するためには、介護サービスのみならず、所得の維持、住宅の確保、判断能力の補佐、通院などのため、所得保障、住宅政策、人権擁護・後見制度、保健サービス、医療サービスなどの多様な社会サービスの動員が必要となる。障害のある人びとのためには、所得保障、住宅政策、教育、雇用・労働政策などの社会サービスが必要とされる。

こうして、社会福祉には、援助の効果を上げるため、利用者のために多様な社会サービスの利用を媒介する機能が、次には利用が決定した社会サービス間の調整を行う機能が求められる。このような機能は、利用者の生活の全体を視野に入れることが求められる社会福祉において特に重要視される機能である。社会福祉以外の一般社会サービスに求められるのは、所得、住宅、健康の確保など利用者のもつ個々のニーズに適切かつ有効に対応することである。

また、社会福祉に社会サービスの媒介や調整が必要とされるのは、利用者のかかえるさまざまな困難や障害が個人的であるとともに社会的な性格をもっているからである。困難や障害は、利用者の個人的な生活のありようを規定するだけではない。それは同時に、利用者の親族との関係、地域や職場などにおける社会的なつながりの維持や役割の遂行という領域にも影響を及ぼしている。社会福祉の援助は、利用者の生活の個人的な側面と社会的な側面に同時的に対応するものでなければならない。この文脈でいえば、社会福祉には、社会サービスの利用にかかわる媒介や調整のみならず、親族、地域住民、職場との媒介や調整も必要とされる。

四　社会福祉概念の再規定

ここで、これまでの議論を踏まえるかたちで、現時点における社会福祉の概念規定を提示しておきたい。筆者は以前にも一度ならず社会福祉の概念規定を試みてきたが、その内容は提示した時期や場所によって少しずつ異なっている。概念規定は不動のものであるべきだという見解もあるいはありうるであろう。しかし、研究対象の変化やそれをとらえる側の視点や枠組みの変更によって変化せざるをえないという側面があることもまた現実である。以下の概念規定についても現時点のものとして理解されたい。

社会福祉とは、現代社会において社会的にバルネラブルな状態にある人びとにたいして社会政策として提供される多様な社会サービスの一つであり、各種の社会サービスに先立ち、またそれに並んで、あるいはそれを補い、人びとの自立生活を支援し、その自己実現、社会参加、社会への統合を促進するとともに、社会の公益性と正統性を確保し、包摂力と求心力を強め、その維持発展に資することを目的に展開されている一定の組織的な施策の体系およびそれにかかわる諸活動ならびにそれらを支え、方向づける原理の総体である。その内容をなすものは、個別的かつ総合的な対応という視点と枠組みから、人びとの社会生活上の困難や障害、すなわち社会的生活支援ニーズ（福祉ニーズ）を充足あるいは軽減、緩和し、最低生活の保障、自立生活の維持、自立生活の育成、さらには自立生活の援護を図り、またそのために必要とされる社会資源を確保し、開発することを目的に、国・自治体また各種の民間組織・団体さらには私人によって策定され、運営されている各種の政策、制度ならびにその実現形態としての援助であり、またそれらに関連する諸活動である。

今回の概念規定が先行する規定と異なるのは、第一に、社会福祉を、社会政策を構成する社会サービスの一つとして位置づけていることである。もとより、ここでいう社会政策はわが国に伝統的な経済政策の一部としての社会政策ではない。それは、現代社会における社会的なるものに関する、あるいは社会的なる領域における政策的営為という意味であり、政策の主体も国家や自治体（政府）に限定されていない。中間団体や私人（個人）も主体として扱っている。

第二に、社会福祉と一般社会サービスとの関連を重視したうえで、社会サービスのなかでの社会福祉の固有性、独自性を強調していることである。

第三に、社会福祉を施策（政策・制度・援助）に限定せず、それらにかかわる活動をも含めていることである。ここでいう活動は、社会福祉の施策と利用者のインターフェイスの部分に形成されるいわゆる生活福祉と称される部分、個人的に行われるボランティア活動、社会福祉にかかわる社会運動、研究活動などを含んでいる。

第四に、社会福祉の目的として、人びとの（個人や家族）自立生活の支援、自己実現、社会参加、社会統合の促進を挙げるとともに、社会の公益性と正統性（レジティマシー）を確保し、包摂力と求心力を強め、その維持発展に寄与することを挙げ、社会福祉が個人や家族と社会の双方に働きかける営為であることを明示していることである。

第五に、社会福祉を支え、方向づける原理という表現で社会福祉にかかわる価値、理念、思想、理論などを概念規定の内側に明確に取り込んでいることである。

第六には、社会福祉の概念規定が前段と後段から構成されていることである。前段においては社会福祉の基本的な性格をやや抽象的に規定し、後段においてはその内容をより具体的なかたちで敷衍するという形式をとっている。

〔註〕

（1）社会政策概念と社会サービス概念の扱いかたについては、すでに本書の第一部第二章の「社会政策と社会サービス」において論じている。伝統的にわが国においては社会政策概念は労働政策に特化されたかたちでもちいられてきたが、筆者は社会政策を「社会的なるもの」の領域（ソーシャルワールド）における政策として再定義することを提案したい。現代社会は、「社会的なるもの」の領域に限らず、「経済的なるもの」、「政治的なるもの」、「文化的なるもの」の各領域において政策を有している。これら、社会政策、経済政策、政治政策、文化政策は相互に接点をもち、重なりあう部分をもつが、しかしそれぞれが独自の政策領域として存立する。社会サービスは、そのような社会政策のコンテンツをなすものとして理解される。

（2）筆者が「社会福祉のL字型構造」（概念イメージ）という構想を最初に提起したのは、一九九八年のことである。その経緯については拙著『社会福祉研究の新地平』（有斐閣、二〇〇八年）の第一章「社会福祉概念の再構築――L字型、そしてブロッコリー型へ――」を参照されたい。

（3）「残余としての社会福祉」、「制度としての社会福祉」の概念については、Wilensky, Harold L. & Charles N.Lebeaux, *Industrial Society and Social Welfare*, The Free Press edition, 1965, pp.138-140を参照されたい。

（4）岡村重夫『社会福祉原論』（全国社会福祉協議会、一九八三年、四五～六七、一一四～一二六頁）を参照されたい。

（5）この点については、大河内一男『増補 社会政策の基本問題』（日本評論社、一九五四年）、孝橋正一『全訂 社会事業の基本問題』（ミネルヴァ書房、一九六二年）をそれぞれ参照されたい。

（6）仲村優一『社会福祉概論〔改訂版〕』誠信書房、一九九一年、一八～二〇頁

第五章　福祉と福祉政策の概念

二〇〇七（平成一九）年一二月、社会福祉士及び介護福祉士法の一部が改正され、それにともない旧来の社会福祉士養成教育課程も大幅に改定され、二〇〇九（平成二一）年四月から新課程が適用される。これにともない、社会福祉の専門職としての社会福祉士の養成教育も新たな局面を迎えることになる。従来、社会福祉士養成の教育課程においてキーワードになっていた社会福祉、社会福祉政策という概念に変えて新課程においては福祉、福祉政策という概念が導入されることになる。

このような社会福祉士養成教育課程におけるキーワードの変更は、単純なキーワードの変更という枠にとどまるものではない。それは、明白に今後のわが国における社会福祉学の教育のありようにかかわり、ひいてはその研究にかかわる重要な変更である。最後に、ここまでの各章における議論を踏まえ、かつ今後における社会福祉のありようを展望しつつ、今次の改正によって導入された福祉や福祉政策概念をどのように理解し、位置づけるべきか、改めてその方向を探求しておきたい。

一　社会福祉士養成教育課程の改定

まず、最初に、今次の改正によって導入されることになった社会福祉士養成教育課程の全体像を確認しておこう。表2

がそれである。

表2をみて留意されるべきことは、第一には、旧養成教育課程に存在していた社会福祉原論が姿を消している事実である。新養成教育課程のなかで社会福祉原論に相応する科目を探すとすれば、「現代社会と福祉」ということになろう。しかし、この科目のシラバスをみても、キーになる概念は福祉と福祉政策である。そこには、旧養成教育課程において重要な位置にあった社会福祉は登場してこない。第二の留意点は、旧養成教育課程に比較し、新養成教育課程においては「相談援助の理論と方法」、「実習・演習」にあてられる時間が増加していることである。また、地域福祉論など「地域福祉の基盤整備と開発に関する知識と技術」、「サービスに関する知識」にあてられる時間と内容が顕著に拡大されていることである。

これら二通りの留意点のうち、第二の留意点については、新養成教育課程が社会福祉士の実践的な力量の向上に意を砕いたとされることに鑑み、理解できないわけではない。また、社会福祉士の実践的力量を向上させるという目的からすれば、相談援助の理論や方法、援助の展開の場であり方法である地域福祉に関する知識や技術、さらには就労支援、更生保護など今後、社会福祉士の活躍すべき領域と考えられる各種社会サービスに関する知識が重要視される方向は当然のことと考えられる。しかし、それにもかかわらず、第一の留意点にかかわる状況の推移によっては、将来的に社会福祉士の実践力の向上という法改正の目的をかえって損なうような事態の出来もありえないことではない。

第一の留意点のうち、社会福祉原論が姿を消したことについては、今次の改正が社会福祉学の教育と社会福祉士の養成教育とを明確に区別しようとしたことの現れであろう。たしかに、養成教育課程の内容は、社会福祉士の職業活動に必要と思われる知識や技術にかかわる事項を単元的に示したものであり、科学（ディシプリン）としての社会福祉学の教育を意図したものではない。そのかぎりにおいて、社会福祉原論という科学の体系を示す項目が削除されていることは理解できないわけではない。新養成教育課程は、実践にかかわって修得すべき知識や技術を単元的に表現し、とりまとめたものということであろう。しかし、社会福祉士の活動を支える専門的な知識や技術の背骨ともなるべき科目の欠落は中長期的

表２　新養成教育課程（一般養成施設）　　古川孝順　作成

科目名		時間
人・社会・生活と福祉の理解に関する知識と方法		
	人体の構造と機能及び疾病	30
	心理学理論と心理的支援	30
	社会理論と社会システム	30
	現代社会と福祉	60
	社会調査の基礎	30
総合的かつ包括的な相談援助の理念と方法に関する知識と技術		
	相談援助の基盤と専門職	60
	相談援助の理論と方法	120
地域福祉の基盤整備と開発に関する知識と技術		
	地域福祉の理論と方法	60
	福祉行財政と福祉計画	30
	福祉サービスの組織と経営	30
サービスに関する知識		
	社会保障	60
	高齢者に対する支援と介護保険制度	60
	障害者に対する支援と障害者自立支援制度	30
	児童や家庭に対する支援と児童・家庭福祉制度	30
	低所得者に対する支援と生活保護制度	30
	保健医療サービス	30
	就労支援サービス	15
	権利擁護と成年後見制度	30
	更生保護制度	15
実習・演習		
	相談援助演習	150
	相談援助実習指導	90
	相談援助実習	180

には大きな痛手になりかねない。養成施設や大学には、新養成教育課程の意図をうけいれつつ、社会福祉実践の背骨となりうる内容をもつ科目を設定し、その充実に努めることが求められよう。

たしかに、新養成教育課程が福祉や福祉政策という概念をキーにして構成されていることは、近年の社会変動のなかで人びとのかかえる生活上の課題が従前の社会福祉事業という範囲でなされる対応では適切に対処しえない状況にあり、社会福祉のみならず、社会福祉に関連する広範囲な施策を動員するような施策対応が求められるようになってきていることを反映するものといわなければならない。

他方、社会福祉それ自体も、たとえば介護保険制度にみられるように、従来の形態とは姿かたちを異にする施策をかかえ、あるいは次世代育成行動計画のように雇用政策や労働政策との直接的な連動が期待されるという状況にある。すなわち、近年、社会福祉は、マクロのレベルにおいては、従来の枠を超えて関連する社会政策（社会サービス群）との調整や連携の必要性を拡大させてきている。新養成教育課程における社会福祉概念の不在は、まさにそのような状況にかかわっているのである。

筆者は従来から、社会福祉のここでいうマクロのレベルにみられる動向を視野に入れる方向において、社会福祉概念の再構築を行う必要性を提起してきている。その意味において、マクロレベルの動向を重視するという新養成教育課程の意向に異を唱えるものではない。しかし、社会福祉概念を完全に欠落させたまま、一方においてマクロレベルにおける社会福祉の拡大再編を求め、他方においていわばミクロのレベルで社会福祉士の実践力、援助力の向上を追求するという改革の方向は、社会福祉をマクロとミクロという二つの方向に引き裂き、社会福祉の両極分解、さらにはその空中分解を招来する恐れなしとしない。

社会福祉が一方において社会政策（ソーシャルポリシー）に収斂させられ、他方において援助技術（ソーシャルワーク）に収斂させられようとする傾向については、あるいは歓迎する向きもあるかもしれない。しかし、この傾向は社会福祉にとってリスキーなだけではない。ソーシャルワークにとってもリスキーである。

実態的にいえば、社会福祉をめぐるわが国の状況を前提にするかぎり、政策や制度から分離独立したかたちでのソーシャルワークの発展は期待されるべき方向ではない。理論的にみれば、ソーシャルワークの現状は、ソーシャルワークの「ソーシャル」の部分を適切に処理する視点と枠組みを備えていない。人間（個人）と環境（社会）のあいだに介入するという場合にも、そこで想定されている環境（社会）は家族、職場、近隣、地域社会というミクロからメゾレベルの環境にとどまっている。(1) ソーシャルワークの将来を展望し、方向づけるうえで必要とされる全体社会をマクロのレベルでとらえることを可能にするような視点と枠組みをもち合わせていない。そうした状況のなかで社会福祉を社会政策とソーシャルワークの両極に分解させることは、かえって社会福祉士の実践の土俵と内容を損なうことになり、ソーシャルワークの展開基盤そのものを弱体化させかねないのである。

社会福祉士の養成教育、ひいては社会福祉学の教育と研究にとっていま必要なことは、新養成教育課程の提起している福祉および福祉政策という概念を社会福祉学の内側に引き込み、社会福祉それ自体の存立根拠（レーゾンデートル）を明確化し、強化するという方向において適切に位置づけ、社会福祉士の実践にたいして確実で理論的な基盤を提供するということである。

二　福祉の概念

さて、福祉と福祉政策である。いずれも、耳目に新しい用語というわけではない。これまでにも、高度経済成長期の後半あたりから、頻繁にもちいられてきた。ただし、その場合、福祉は社会福祉の、福祉政策は社会福祉政策の簡略型という用語法であった。しかし、いまではその福祉や福祉政策が新養成教育課程においてフォーマルな性格を与えられている。そうであれば、福祉と福祉政策には社会福祉と社会福祉政策の簡略語という以上の、明確な意味内容が与えられなければならない。

まず、福祉であるが、その意味するところを二通りに区別してみたい。しばしば紹介してきたことであるが、そしてすでに周知ともいうべきことであろうが、かつて一番ヶ瀬康子は社会福祉の意義を「目的概念」と「実体概念」に区分することを提案した。(2) 目的概念としての社会福祉は「社会の福祉」であり、社会福祉の理念、目的、目標、さらにはその裏づけとなる価値規範などがその内容となる。これにたいして、実体概念としての社会福祉は「社会福祉にかかわる政策、制度、活動」など社会福祉の実体、社会福祉そのものを即自的に指し示す概念である。このような一番ヶ瀬の概念整理を援用していえば、福祉にも二通りの用語法が可能となる。一つは、「目的概念としての福祉」である。そして、いま一つは、「実体概念としての福祉」である。

これら二つの用語法のうち、「実体概念としての福祉」は、おのずから「目的概念としての福祉」を目的なり目標なりにする施策や活動の体系なり総体なりを指すということになろう。そうなると、実体概念としての福祉と福祉政策を区分することは事実上難しい。仮に、実体概念としての福祉と福祉政策を区分し、その内容を規定することができたとしても、前者、実体概念としての福祉の内容はかなり広範なものとなり、そこに明確な輪郭を設定することは難しいであろう。仮に輪郭を与えることができたとしても、そこに概念としての有用性を期待することはできそうにもない。福祉を実体概念として規定することに意味をみいだすことはまず困難というほかはない。

他方、福祉を目的概念としてもちいるという場合には、先に言及したように、その内容としては社会福祉に直接的にかかわる理念、目的、目標、その背後にある価値規範などが考えられる。しかし、それですべてではない。従来の社会福祉という枠組みに限定したとしても、その背景にある価値規範のなかには、社会に社会福祉を社会福祉としてうけいれさせる基準となる価値、社会福祉の客体(対象)となる問題状況、たとえば貧困状態とそうでない状態とを区分し、社会にたいしてみずからの責任において社会的に解決すべき状態として認識させるうえでの基準となる価値、さらには援助の過程において利用者の人格の尊厳を擁護し、利用者が自分自身で選び、決定することを可能にするような援助の方法を推進する根拠となる価値などの広範な価値が含まれ、それらについての哲学的、思想史的な思惟がかかわっている。

近年、伝統的な哲学、倫理学、宗教学、政治学、社会学などの既成ディシプリンの境界を越境する新たな科学として公共哲学、公益学、共生学などの新しい領域が開拓され、人類社会、市民社会における正義、公正、公平、厚生、共生、安全、安心など、人間の存在そのものにかかわるような価値をめぐる諸問題が討議されている。社会福祉の理念、目的、目標なども、新しい時代状況、社会状況を前提に、そのようなより一般的、普遍的な価値や思惟にかかわる議論のなかに埋め戻しつつ、改めて彫琢され直されなければならない。そのような哲学的、思想的な営みの成果が目的概念、さらにいえば価値規範としての福祉の内容となるべきものであろう。

三　福祉政策の位置づけ

福祉政策については、端的にいって、広狭二通りの用語法が考えられる。第一の用語法は、「広義の福祉政策」である。広義の福祉政策は、ひとまず「広義の社会福祉（にかかわる）政策」の簡略語として考えられる。次に、広義の社会福祉は伝統的に労働政策、教育政策、更生保護などを含む概念としてとらえられてきたものであり、第二章においてみたように、かつて孝橋正一はそれらの全体をイギリスにいうソーシャルポリシーやアメリカでいうパブリックウェルフェアに相当するものとしていた。[3] これらの事実を連累させれば、広義の福祉政策＝広義の社会福祉政策＝社会政策（ソーシャルポリシー）という連鎖を設定することができる。広義の福祉政策＝社会政策という連鎖については、社会政策を一般的に社会の福祉を志向し、それを維持促進することを目的に展開される政策の総体として位置づけることができれば、より直接的な関係として設定することができる。

このような福祉政策と社会政策とを同一物とするとらえかたは理解しやすい方法である。しかし、この規定には二つの難点が含まれている。難点の第一は、福祉政策を社会政策と同一物として規定してもそれはいわば同義反復的な規定であり、あえて新たに福祉政策なる概念を導入する意義に乏しいということである。第二の難点は、社会政策を社会福祉士という専門職業の基盤として位置づけることにかかわる難点である。福祉政策と同一視される社会政策は多様な社会サービスから構成されているが、社会福祉士をそのような多様な社会サービスのすべてに対応する専門職業として設定することは不可能である。多様な社会サービスから構成される施策群の全体、あるいは総体を、社会政策という範疇でとらえ、研究の対象領域として措定することは可能である。しかし、社会政策の全体にかかわるような専門職業やその資格を設定することは不可能であるし、無理に設定してみても実際的には意味をもちえないであろう。社会政策という範疇を研究対象として設定することはできるが、その場合には議論はかなり抽象的なレベルで展開されることにならざるをえない。たとえば、社会政策と経済政策、政治政策、文化政策との異同や社会政策を構成する社会サービスのすべてに共有されている特性について論じることが社会政策研究の課題となろう。そのような社会政策に関する議論を前提に一箇の専門職業を想定することは現実的ではない。専門職に理論的な基盤を与えるということを考えれば、その基盤は社会政策というよりも、それを構成する個別社会サービスのレベルということになろう。

他方、狭義の福祉政策であるが、これについての一般的な理解の方法は「狭義の社会福祉（にかかわる）政策」と同義に扱うことであろう。しかし、この規定にも難点がある。狭義の社会福祉政策は一般にいえば社会福祉政策である。福祉政策と社会福祉政策を同義のものとして規定する場合には、福祉政策を社会福祉士なる専門職業の基盤にして何ら問題はない。だが、それでは現状と何ら変わりがない。福祉政策は社会福祉政策の簡略語のレベルにとどまるのであり、福祉政策という用語を敢えて導入することに意味をみいだすことは不可能である。

ここで結論を先取りするかたちでいえば、筆者は、福祉政策を社会政策（広義の福祉政策＝広義の社会福祉政策）と通常にいう社会福祉政策（狭義の社会福祉政策）とのいわば中間、やや社会福祉政策寄りに位置する概念として位置づけたいと考えている。ただし、ここでいう福祉政策は領域にかかわる範疇ではない。領域というよりも施策展開の方法に着目した概念である。

すなわち、ここでいう福祉政策は、従来の社会福祉を基幹的な部分としつつ、人権擁護・後見制度、消費者保護、健康政策、教育、雇用・労働政策、所得保障、保健サービス、医療サービス、少年・家事審判制度、更生保護、住宅政策、まちづくりなどの社会サービスと部分的に重なり合いながら、あるいはまたそれらの社会サービスとの媒介、連絡調整、協働を通じて展開される施策のありようとして位置づけられることになる。もとより、その場合、人権擁護・後見制度以下の社会サービスの全体を福祉政策という範疇のなかに取り込もうというわけではない。また、福祉政策を社会福祉に取って替わるべきものとして位置づけようとするものでもない。福祉政策概念のもとにおいては、人権擁護・後見制度以下の一般社会サービスは、いずれもそれ自体として独立した施策であり続ける。

福祉政策の概念は社会福祉を拡張した範疇ではない。むしろ、社会福祉がそれらの一般社会サービスと交錯し、それらを適宜活用して福祉ニーズの解決・軽減・緩和にあたるという展開のありように積極的に光をあてることを意図した概念として措定されることになる。

福祉政策の機軸はどこまでも社会福祉にある。福祉政策は、その社会福祉が多様な社会サービスと部分的に重なり合い、媒介、連絡調整、協働しながら展開されるという、その展開のありようと過程に焦点化した概念である。そのかぎりでいえば福祉政策は、社会福祉のもつL字型構造の横棒の部分を基軸にその新しい展開のありようを強調した概念であるといってもよいであろう。

四　社会福祉のブロッコリー型構造

さて、筆者は、ここまで「社会福祉のL字型構造」と称する構想を軸に、社会福祉学研究の伝統を継承しつつ、そこに近年における社会福祉の動向を取り込み、社会福祉の全体像を統一的に理解するための視点と枠組みをいかに再構築するかという課題について考察してきた。

そのような考察の起点にある問題意識は、一九五〇年代に形成され、それ以後のわが国における社会福祉（学）研究を基本的なところで方向づけてきた孝橋正一的な「社会福祉（社会事業）の限定」、そして岡村重夫的な「社会福祉の限定」から、いかに社会福祉を解き放つかということであった。(4) 孝橋にしても岡村にしても、戦後のわが国における社会福祉学研究のなかに巨大な足跡を残している。誰しもその貢献を否定することはできない。しかし、孝橋による限定と岡村による限定とでは基本的にその性格が異なるとはいえ、近年における社会福祉の動向を踏まえていえば、そこに一定の限界が潜んでいることは明らかであった。

社会福祉が近代社会を特徴づける社会政策として多様に発展してきた諸社会サービスの一つであること、そのなかにあって独自の存在理由と性格をもっていること、同時に社会福祉以外の一般社会サービスとのあいだに深い結びつきをもってきたこと、そしてまた近年において従来にない新しいかたちでの結びつきが形成されてきていること、などを前提に、新しい社会福祉の姿を彫琢しようとするとき、孝橋や岡村による理論的枠組みの視野と射程には否定し難い限界が組み込まれている。

筆者の「社会福祉のL字型構造」という構想は、そのような限界を克服し、近年における社会福祉の新たなありようを的確に把握するために、社会福祉を一度社会政策全体のなかに埋め戻し、そこから再び社会福祉の現代と将来を彫琢することを可能ならしめるような視点と分析の枠組みを構築し直すことを意図したものであった。そして、この構想は、手前味噌の誹りを恐れずにいえば、社会政策を構成する多様な社会サービスの一つであり、かつ他の社会サービスと重なり合う部分をもつという社会福祉の独自固有の位置どりを明らかにする視点と枠組みを構築したという意味において一定の効用をもちえているように思われる。しかし、「社会福祉のL字型構造」論は、社会福祉の独自固有の位置どりを示すことに役立つとはいえ、こんにちおよび将来における社会福祉のありようを動的に描きだす視点および枠組みとしては限界をもっている。

筆者は、そのような課題に応える新しい視点と分析の枠組みに一定の輪郭を与えるために、「社会福祉のブロッコリー型構造」と称する構想を新たに提起してきた。**図2**がそれである。新しい概念図においては、ブロッコリーの中心となる茎の部分に社会福祉を位置づけ、その房（花蕾）にあたる部分に人権擁護・後見制度、消費者保護、健康政策、教育、雇用・労働政策、所得保障、保健サービス、医療サービス、少年・家事審判制度、更生保護、住宅政策、まちづくりなどを位置づけるという構想になっている。

すでに論じたところであるが、社会福祉の近年における拡大の傾向を社会福祉の概念に反映させる方向として、広義の社会福祉への回帰が求められることがある。広義の社会福祉を社会政策に等置するという構想も、そのような回帰志向の一つとみなすことができる。社会福祉には社会政策としての性格をもつことが認められる。しかし、社会福祉は社会政策と同一のものではない。社会政策は多様な社会サービスを含んでおり、社会福祉はそのような社会サービスの一つである。社会福祉を広義

図２　社会福祉のブロッコリー型構造　　古川孝順　作成

の社会福祉＝社会政策に回帰させることは、社会福祉を曖昧な存在にし、ひいては専門職業としての社会福祉士の存在基盤を危ういものにすることにつながる。

社会福祉のブロッコリー型構造の構想は、社会福祉を広義の社会福祉＝社会政策に回帰させ、社会福祉に関連する多様な社会サービスをそのなかに包括し、一体化させようとするものではない。基幹にあるのはどこまでも社会福祉である。その周辺にある社会サービスは、社会福祉がその目的を達成する過程において、媒介、連絡調整、協働する相手方としての社会サービスである。

社会福祉の援助活動というレベルでいえば、その客体は生活に困難や障害をかかえる、あるいはそうなる恐れのある個人、家族、集団あるいは地域社会である。社会福祉の相談援助者は、まず、社会福祉の範疇に属する多様なプログラムや活動、すなわち「第一種社会福祉事業」、「第二種社会福祉事業」、「社会福祉を目的とする事業」、さらには「社会福祉に関する活動」を駆使して個人、家族、集団あるいは地域社会のかかえる生活上の困難や障害に対応しようと試みる。その過程において、相談援助者は、援助の効果をよりよいものに高めるために、必要に応じて人権擁護・後見制度以下の社会サービスを媒介し、あるいはそれと連絡調整、協働することになる。

福祉政策は、この後者の機能、社会福祉が、その伝統的な枠組みを超え、多様な社会サービスと媒介、連絡調整、協働するという機能を強調した概念である。これからの社会福祉には、その目的を達成するために、多様な社会サービスを利用し、活用することが期待される。また、社会福祉の専門職は一般社会サービスの内側に位置してその効果を高めるように機能する。ただし、相談援助者が医療機関や教育機関に所属する職員として医療ソーシャルワークや学校ソーシャルワークを展開する場合にも、その相談援助者は社会福祉の専門職としてそうするのであって、医療や教育の専門職として活動するわけではない。

五　援助活動の新機軸

実際、こんにち、また将来において、相談援助を効果的、効率的に提供するため、社会福祉の専門職従事者には、社会福祉にかかわるプログラムや活動を機軸にしながら、多様な社会サービスを積極的に活用し、包括的、総合的に課題に対応することが求められる。このようなとらえかたをすれば、おのずと社会福祉における援助の比重も従来とは異なったものにならざるをえない。社会福祉の相談援助機能は、①直接援助機能、②媒介調整機能、③管理運営機能、の三通りに類型化することができる。

このうち、①直接援助機能は、利用者である個人や家族、集団、地域社会にたいして、直接的に対面する関係において相談援助を行い、問題の解決、緩和、軽減をめざす機能である。②媒介調整機能は、利用者の問題を解決、緩和、軽減し、その生活にかかわる権利を保障し、あるいは実現するために、関連する多様な社会サービス、親族や友人、近隣社会などと密接に媒介、連絡調整し、協働する機能である。③管理運営機能は、利用者の問題の解決、緩和、軽減をめざすプログラムを適切に管理運用し、その改善補正に努めるとともに、新たなプログラムを含め、社会資源の開発にかかわる機能である。

従来、社会福祉はこれら三通りの機能のうち最初の①直接援助機能に比重をかけてきた。もとより、将来においても、その重要性が減じることはないであろう。しかし、すでにここまでの考察によって明らかなように、これからの社会福祉においては、②媒介調整機能、③管理運営機能のもつ比重が高まることになろう。なかでも、②媒介調整機能の活性化が求められることは明らかである。

最後に、これからの社会福祉は、施設福祉型サービスを必須の要素として残しつつも、在宅福祉サービスを機軸とする地域福祉型の社会福祉として管理運営されることになる。そのような社会福祉のありようを効果的なかたちにおいて実施するためには、地域における社会福祉関連機関・施設、援助提供事業者、住民の組織化、連絡調整を促進するほか、地域福祉型社会福祉の展開の基盤となる地域社会そのものの組織化、活性化が求められることになる。

〔註〕

(1) 人(個人)と環境(社会)のインターフェイスの部分に介入する方法ないし技術をもってソーシャルワークの固有性を主張し、ソーシャルワークをそのような視点、枠組み、手順をもつ体系として確立しようとする問題関心はM・リッチモンド以来のこととみてよいであろう。しかし、人(個人)と環境(社会)といってもそこでいわれている社会のとらえかたはやはり社会というより環境というのが相応しい。環境という言葉は人(個人)を取り囲む状況ないし事態の集積されたものという印象が強い。環境あるいは社会がときに人(個人)にとって対峙的、対立的に行動するもの、人(個人)の集積物であることを離れて独自に運動し、変動する存在であるという認識は希薄であるように思われる。しばしば、ソーシャルワークがどれだけ社会体制や歴史にたいして拮抗力をもちうるかということが話題になるが、そこで問題になるのは個々のソーシャルワーカーの意識や認識、思考や行動のありよう、総じていえば姿勢であることが多い。しかし、個々のソーシャルワーカーの意識や認識、思考や行動のありようもさることながら、より重要なことは、ソーシャルワークがソーシャルワーカーもその一部である社会総体の構造や機能、そしてそれらの変動をとらえ、その方向性を的確に判断するに必要な理論的な視点や枠組みを適切にもちえているかどうかということである。

(2) たびたび紹介することになるが、ここでも一番ヶ瀬康子『社会福祉とはなにか(著作集第1巻)』(労働旬報社、一九九四年、二一四頁)を参照されたい。

(3) 孝橋正一『全訂 社会事業の基本問題』ミネルヴァ書房、一九六二年、一六・一七頁

(4) 孝橋正一による「社会事業の限定」、岡村重夫による「社会福祉の限定」については本書の第二章において詳論している。

第二部

社会福祉学のエッセンス

社会福祉学はさまざまな研究の対象、あるいは領域をもっている。

第二部においては、そうした社会福祉学の研究にかかわってきた筆者の論稿のなかから幾つかの論文を採録している。まず、第六章「社会福祉研究の見取り図」は社会福祉学の研究方法について論じたものである。筆者はこれまで社会福祉学の研究方法について機会あるごとに論じてきている。そうした著書や論文に接したことのある読者諸氏にはあるいは同工異曲の印象を与えるかもしれない。もとより、社会福祉学の研究方法についての議論であるから、基本的なトーンは共通しているし、素材とする図表なども同じかそれに近いものが多い。しかし、どこか一部には新しい問題意識や考察の新機軸を含めている。社会福祉学に関心をもつ若い世代の読者諸氏には一読のうえ、同じテーマを取りあげた他の論稿と比較考量していただければ幸いである。

筆者が社会福祉学の研究に手を染めて十余年の関心領域は児童福祉であるが、その後社会福祉の歴史研究、なかでもイギリスやアメリカの社会福祉史の研究に移行した。この時期の成果が、筆者にとっては最初の単著になる『子どもの権利―イギリス・アメリカ・日本の福祉政策史から―』（有斐閣、一九八二年）であり、また右田紀久恵教授や高澤武司教授との共編著である『社会福祉の歴史―政策と運動の展開―』（有斐閣、一九七七年）である。訳書のトラットナー（Trattner, W.）著『アメリカ社会福祉の歴史―救貧法から福祉国家へ―』（川島書店、一九七八年）とルバヴ（Lubove, R.）著『アメリカ社会保障前史―生活の保障（ヴォランタリズムか政府の責任か）―』（川島書店、一九八二年）も児童福祉研究から歴史研究に移行する時期の所産である。

この歴史研究にたいする関心は、現在においても維持されている。この間、歴史研究の対象領域もイギリスやアメリカの社会福祉史から戦後日本における社会福祉政策史の分析に移り、高度経済成長期から行財政改革、基礎構造改革の時期を経て現状分析に及んでいる。最近の十五年ほどのあいだに、筆者は、定藤丈弘教授や庄司洋子教授との共著である『社会福祉論』（有斐閣、一九九三年）にはじまり、『社会福祉学序説』（有斐閣、一九九四年）、『社会福祉のパラダイム転換―政策と理論―』（有斐閣、一九九七年）、『社会福祉の運営―組織と過程―』（有斐閣、二〇〇一年）、『社会福祉学』（誠信書房、二〇〇二年)、『社会福祉原論』(誠信書房、二〇〇三年)、『社会福祉学の方法―アイデンティティの探求―』(有斐閣、二〇〇四年)、『社会福祉研究の新地平』(有斐閣、二〇〇八年)と執筆してきたが、これらはいずれも社会福祉学の研究方法や社会福祉の全体像の解明を意図した原理論的な研究を内容としている。またこれとは別に、『児童福祉改革―その方向と課題―』(誠信書房、一九九一年)、『社会福祉改革―そのスタンスと理論―』(誠信書房、一九九五年)、『社会福祉基礎構造改革―その課題と展望―』(誠信書房、一九九八年)という福祉改革問題を主題とする現状分析がある。

第七章から第十三章の論稿はいずれもこのような研究を背景とするものである。なかでも第八章以下は、『エンサイクロペディア社会福祉学』(中央法規出版、二〇〇七年)において執筆した項目を一部加筆のうえ再録したものであり、いわば筆者の現時点における社会福祉学研究のエッセンスともいうべきものである。ただし、第七章の「社会福祉二一世紀の課題」だけは多少性格が異なっており、一九九八年に刊行した編著『社会福祉二一世紀のパラダイムⅠ―理論と政策―』(誠信書房)の序章として執筆したものを再録している。一九九八年という二一世紀を間近にした時点で、二〇世紀を回顧しつつ二一世紀における社会福祉の課題を展望するというスタンスで執筆した論稿である。時期的には、社会福祉基礎構造改革が本格的に推進されはじめる前後に執筆したものであるが、次の第八章の「二一世紀社会福祉の展望」以下の論稿と対照させながら吟味していただければ幸いである。

第八章以下の執筆は概ね二〇〇七年頃であり、両者の執筆時期にはおよそ十年の開きがある。この間、研究の対象である社会福祉それ自体の変化があり、筆者の視点や枠組み、論点にも、それに照応して顕著に変化した部分もあれば、そのまま継承されている部分もあろうかと考えられる。第七章と第八章を比較してみれば、そこには十年以前になされた展望が妥当性をもった部分もあれば、当然のことながら、展望とは異なった推移を示した部分も含まれていよう。

いずれにしても、この十年はわが国の社会福祉にとっては激動の十年である。そのなかには、筆者の視点や枠組みそれ自体に根底に及ぶリストラクチャーを求めるような契機が含まれているかもしれない。その点については改めて精査し、これからの社会福祉にたいして新たな展望をもちたいと思う。

閑話休題。いささか饒舌な導入になったかもしれない。いまは、第七章以下の論稿のうちに読者諸氏の社会福祉学研究の推進にとって多少なりとも刺激になりうるような展開が含まれていることを願うのみである。

第六章　社会福祉研究の見取り図

こんにち、わが国の社会福祉は四百万人近い利用者と百六十万人を超える就業者をもち、社会政策を構成する社会サービスのなかでも極めて重要な位置を占める状況にある。ここでは、そのような社会福祉を研究の対象にするときに採用される研究方法のあらましについて考察することを課題とする。

一　社会福祉研究の対象

最初に、社会福祉研究（社会福祉学）が研究の対象とする事象について明確にしておかなければならない。社会福祉研究が研究の対象とする事象は、一言にしていえば、「社会福祉とよばれる社会的事象（ないし社会福祉とよばれる客観的現実）」である。

社会福祉は、社会事業、感化救済事業、救貧事業、慈善事業などのように、時代によってその内容や呼称を異にするが、ここにいう社会福祉とよばれる社会的事象にはそのすべてが含まれる。また、社会福祉はそれが展開される国や社会によって多少とも内容や呼称を異にするが、それもすべて含まれる。さらに、社会福祉とよばれる社会的事象には、社会福祉をめぐる価値規範、理念や思想、対象、施策、機能、技術、社会行動、それらにかかわる知識が含まれ、それらの総体が社会福祉研究の対象とみなされる。

二　社会福祉研究の基本的スタンス

このような社会福祉とよばれる社会的事象＝社会福祉的事象が科学的な研究の対象とされはじめたのは、イギリスでいえば二百五十年ほど前のことである。わが国でいえば、およそ百二十年ほど前からである。いずれの場合においても、産業革命を通じて資本主義経済が確立し、近代市民社会の特質が積極的、消極的の両面にわたって明らかになってきた時代のことである。社会福祉的事象についての研究は、より直接的には、失業や貧困が個人の対応能力を超える生活問題として形成され、その社会的な解決や緩和が要請されるようになった時期にはじまるのである。

社会福祉的事象についての研究は、歴史的に失業や貧困という庶民や下層労働者の生活に関与し、その解決や軽減緩和を図ろうとする強い関心と結びついてはじまっている。そして、このような研究のスタンスはこんにちにおいてもそのまま継承され、社会福祉研究の重要な特質の一つとなっている。

社会福祉研究が実践科学あるいは設計科学とよばれる所以である。社会福祉の研究の中軸には、人びとの生活、なかでもその営みに日常的に困難や支障をもたらす生活問題とその解決や軽減緩和の方法についての強い関心が位置しており、それが導きの糸となって研究が展開されている。

三　社会福祉研究の方法

このような社会福祉研究について、これを研究の領域（フィールド）とみなすか、あるいは単一の科学とみなすかということについては議論がある。しかし、いずれにしても社会福祉研究は社会福祉的事象にかかわって何を解決の課題とみなすか、解決の課題として設定するのか、というところから出発する。そのことに変わりはない。

その意味では、社会福祉研究には公正、公平、平等、厚生、生活の安寧、生活の質などについて一定の判断の基準や方法を考察し、提起する規範科学的アプローチが不可欠とされる。そして、設定された課題はどのような方法によって解決され、軽減緩和されうるのか、より具体的にはどのような政策的手法、制度、援助の方法が必要とされるかを明らかにし、具体的に提起する設計科学的アプローチが重要な意味をもつことになる。

しかし、それでことたりるわけではない。設計科学的アプローチが適用される以前に、設定された課題が、なぜ、どのような要因とメカニズムによって引き起こされているかを的確に解明するための法則科学的アプローチが要請される。社会福祉研究の領域においては実践的、課題志向的（ミッションオリエンテッド）であろうとするあまり、法則科学的アプローチの適用をおろそかにしてしまう傾向がないとはいいきれない。社会福祉研究が科学であろうとすれば、法則科学的アプローチの重要性が改めて強調されなければならない。

社会福祉研究はしばしば学際科学（インターディシプリン）であるといわれるが、それは隙間科学（ギャップディシプリン）であってはならない。それは、設定された課題に応じて、多様な隣接諸科学の方法や知識を組織的に動員し、そこから一つのまとまりをもった成果を編みだす複合科学（マルティディシプリン）でなければならず、最終的には自己の研究活動を通じて、独自の視点、方法、枠組み、手続き、言語体系をもつ一つの融合科学（トランスディシプリン）としての発展が期待される。

四　社会福祉施策の基本的性格

さて、先に社会福祉研究の対象は「社会福祉とよばれる社会的事象」であるとしたが、この範疇には社会福祉にかかわる多様な要素が含まれている。社会福祉についての専門的な知識や技術はむろんのこと、社会福祉にかかわる社会運動もあれば、偏見や差別を含めて市民一般の社会福祉にたいする意識なども包摂されている。

しかし、その中軸にあるのは、社会福祉にかかわる施策の解明（以下、ここでは社会福祉にかかわる政策、制度、援助を一括して施策という）である。そのような施策は、基本的に、どのような性格をもつのか、社会福祉研究はそのことの解明を中心的な課題としてきた。わが国における社会福祉研究は、長い時間をかけてその作業に取り組んできたし、現在も取り組んでいる。わが国の社会福祉研究は、一時期、社会福祉の施策が基本的にどのような性格をもつのか、ほかの施策と区分できる性格として何を提起することができるのか、そのことを解明しようとする理論的な営みを中心に展開されてきたといって過言ではない。

わが国の社会福祉研究、なかでも社会科学的とされる研究は、伝統的にこの社会福祉施策の基本的性格を明らかにするという課題に取り組むにあたって、社会福祉を社会政策と比較対照するという手法によって接近してきた。

周知のように、戦後のわが国における社会福祉研究の一つの潮流（政策論）を主導した孝橋正一は社会福祉（孝橋の用語では「社会事業」）の本質、つまり基本的な性格は社会政策（伝統的概念としての社会政策）を補充代替するところにあると指摘[1]したが、この補充代替性論ともいうべき見解はこんにちにおいてもかなりの範囲で継承されている。

これにたいして、岡村重夫は、社会福祉それ自体の固有性を主張している。岡村は社会福祉の固有性は、人びとと社会制度との関係（岡村はこれを「社会関係」という）の主体的な側面に着目するところに由来するという。[2]孝橋と岡村とは社会福祉の基本的な性格をめぐって両極にいるようにみえる。しかし、岡村の主体的側面への着目は岡村のいう社会関係の客観的側面にたいしてはそれを補う関係にあるともいえる。そうしてみると、社会福祉の独自性はそれがほかの施策にたいしてもっている補充性にこそあるともいえそうである。

このように、これまでの社会福祉の研究は、類似の、あるいは隣接する諸施策といかに区別して自己の性格を限定するかに関心を払ってきた。しかし、こんにちにおける生活問題の動向、また隣接する諸施策の動向を勘案すれば、筆者にはここでもう一度、社会福祉とほかの隣接する諸施策との関係についての議論を整理し直してみる必要性があるように思われる。

ここで社会福祉に隣接する諸施策とよんでいるものは、近年新たな視点からとらえ直されている広義の社会政策や社会サービス（イギリスなどでいうソーシャルポリシーないしソーシャルサービスに照応する概念として理解される）とよばれることの多い一連の社会的施策であり、人権擁護・後見制度、消費者保護制度、健康政策、教育、雇用・労働政策、少年・家事審判制度、更生保護事業、住宅政策、まちづくりなどがそれに含まれる。歴史的にも、理論的にも、社会福祉はそのような社会政策ないし社会サービスの一部を構成する施策として把握されるべきであり、社会福祉の固有性もまたそのことを前提にして把握され、考察されなければならない。

社会福祉を含めて、社会サービスはおしなべて社会的、物質的な環境的要因や個人の心身の機能などの個別的要因によって社会的に不利益を受けやすい人びと、すなわち社会的にバルネラブルな人びとにたいする施策であるということ、その事実においては共通性をもっている。いま、社会福祉以外の社会サービス群を便宜的に一般社会サービスとよぶことにしよう。社会福祉と一般社会サービスとを区別する根拠、すなわち社会福祉の固有性は、社会福祉が一般社会サービスのいずれとも異なった施策のありようを内包しているという事実に求められる。

現代社会における社会福祉の固有性は、まず、それが一般社会サービスでは対応することの難しい人びとの生活の基本的根幹的な部分、生命や活力の維持再生産に直接的かつ不可逆的にかかわるような生活維持システムの不調や崩落によって生起する諸問題を対象とする施策であるという事実に由来する。社会福祉のこのような特質は一般社会サービスにはみられない独自のものである。次に、社会福祉の独自性は、それが人びとの生活の基幹にかかわる部分において一般社会サービスを先導し、あるいは補完する制度や事業を自己の構成要素として内包しているという事実に由来する。

筆者は、このように、社会福祉が一方において一般社会サービスにたいしてそれらとは異なる独自の領域をもち、他方において一般社会サービスのあれこれにたいしてそれらを先導し、補完する制度や事業を内包しているという事実を一体的に認識して「社会福祉のL字型構造」とよんでいる。[3] 社会福祉の固有性は、社会福祉のそのようなL字型構造をイメージ化したものとしてこれを把握することができる。本書第四章に掲載した**図1**（五四頁）はそのような社会福祉の構造をイメージ化したものである。**図1**においては、社会福祉は、広い意味での社会政策を上位概念とする社会的施策群、すなわち社会サービス群の一つであり、同時に一般社会サービスを先導し、補完するという性格をもつ施策としてイメージされている。

社会福祉の固有性は、それが解決すべき課題をもつ人びとに働きかけるその視点と方法という観点からも抽出することが可能である。まず、社会福祉は、一般社会サービスが人びとに働きかけるにあたって多かれ少なかれ一般的、平均的に働きかけるのにたいして、特殊的（パテキュラリー）、個別的（パーソナル）に働きかけるという意味において固有性をもっている。また、社会福祉は、人びとの課題を生活の全体にかかわるものとしてとらえ、総合的に働きかけるという意味において固有性をもっている。

社会福祉の固有性は、さらに、それが一般社会サービスとのあいだに連絡ならびに調整の機能をもつという事実に求めることが可能である。このような機能は、社会福祉が一般社会サービスにたいして先導的かつ補完的な制度や事業を内包しているという状況によって促進される、あるいはよりよいかたちでそれを行うことができるというものであって、一般社会サービスには期待できない機能である。この機能は、今後人びとのになう生活問題が一層多様化し、複雑化し、高度化するにつれ、その重要性を増すことになろう。

五　社会福祉の外部環境

現代社会はその総体において一つのシステムとして存立しているが、それを構成する主要なサブシステムに社会システム、経済システム、政治システム、文化システムがある。社会福祉もまた総体社会にたいしてはサブシステムの一つとして位置づけられるが、その基本的な性格、構造、機能、方法は社会システム、経済システム、政治システム、文化システムによる規定を受け、かつそれらのシステムに影響力をもつという相互規定的な関係におかれている。別の視点でいえば、現代社会の社会システム、経済システム、政治システム、文化システムは社会福祉の外部環境を構成しているとはいえ、社会福祉について分析考察し、理解するには、社会福祉とこれらの外部環境との関係を明らかにするとともに、適切に評価しなければならない。

わが国の社会福祉研究は、伝統的にこれら四通りのシステムのうち経済システム、なかでも資本主義的な生産関係と社会福祉との関係を重要視してきた。確かに、中長期的にみれば、資本と労働との関係、生産力、景気変動、所得や資産の水準が社会福祉のありように大きな影響力をもつことは明らかである。しかし、経済システムとの関係がすべてではない。人口構造、家族の形態や規模、機能などの社会的な要素が社会福祉に大きな影響力をもつことは少子高齢化問題と社会福祉の関係、たとえば近年における介護保険制度や子育て支援活動計画の導入のことを思い浮かべれば容易に理解されよう。

民主主義の成熟度や階級関係のありよう、政党のもつ政策動向や人びとの選挙行動、政治的利害にかかわる団体や組織などの政治的システムのありようも社会福祉に大きなかかわりをもつことが指摘されている。また、社会福祉は一国の文明の成熟度を示すバロメーターであるという指摘もあれば、社会的排除の議論にみられるように障害者や高齢者、さらには外国人に対する偏見や差別が社会福祉のありようを規定するという指摘がある。

ここでは例示にとどめざるをえないが、社会福祉についての理解を深めるためには、社会福祉と外部環境との相互規定的な関係について組織的、体系的に考察することが求められる。

六　社会福祉の内部構成

最後に、これまでの議論を前提に、社会福祉の内部環境について考察する端緒を探っておきたい。社会福祉について理解するには、社会福祉それ自体がどのような要素によって構成され、それらの要素が相互にどのような規定関係のもとに、いかに機能しているかが明らかにされなければならない。

社会福祉の構成要素の設定のしかたとしてもっともオーソドックスなタイプは、「対象」「主体」「方法」という三通りの要素を設定する方法である。この場合にいう対象は、もとより社会福祉研究の対象という意味ではない。社会福祉という施策の客体となる人びとやそれらの人びとのもつ問題状況や状態像のことである。主体は社会福祉の創設、運営管理、さらには援助の提供にかかわる主体のことであり、政策主体、運営主体、実践主体などに下位分類されることがある。方法については、主体が対象に働きかけるその働きかけかたということになるが、制度的方法と実践的方法、あるいは制度の体系と援助技術の体系に区別されることがある。

こうしたオーソドックスな構成要素の設定のしかたやそのバリエーションとは別に、真田是は、「対象としての社会問題」「社会問題からの脱出もしくは解決を求める運動」「支配権力が支配階級の立場から打ちだす政策」という三通りの要素を設定し、社会福祉の三元構造論を展開している。[4] より包括的に要素を挙げているのは吉田久一で、①社会問題→社会福祉問題→生活ニーズ、②社会福祉の政策・制度・行政・施設・従事者、③実践方法として処遇（利用）、組織、運動、という分類を提起している。[5]

これらにたいして筆者は、社会福祉の構成要素として、「価値システム」「対象システム」「施策システム」「利用支援システム」「社会行動システム」を挙げている。このうち、施策システムは「政策システム」「制度システム」「援助システム」から構成されるという枠組みを提起している。**図3**を参照されたい。

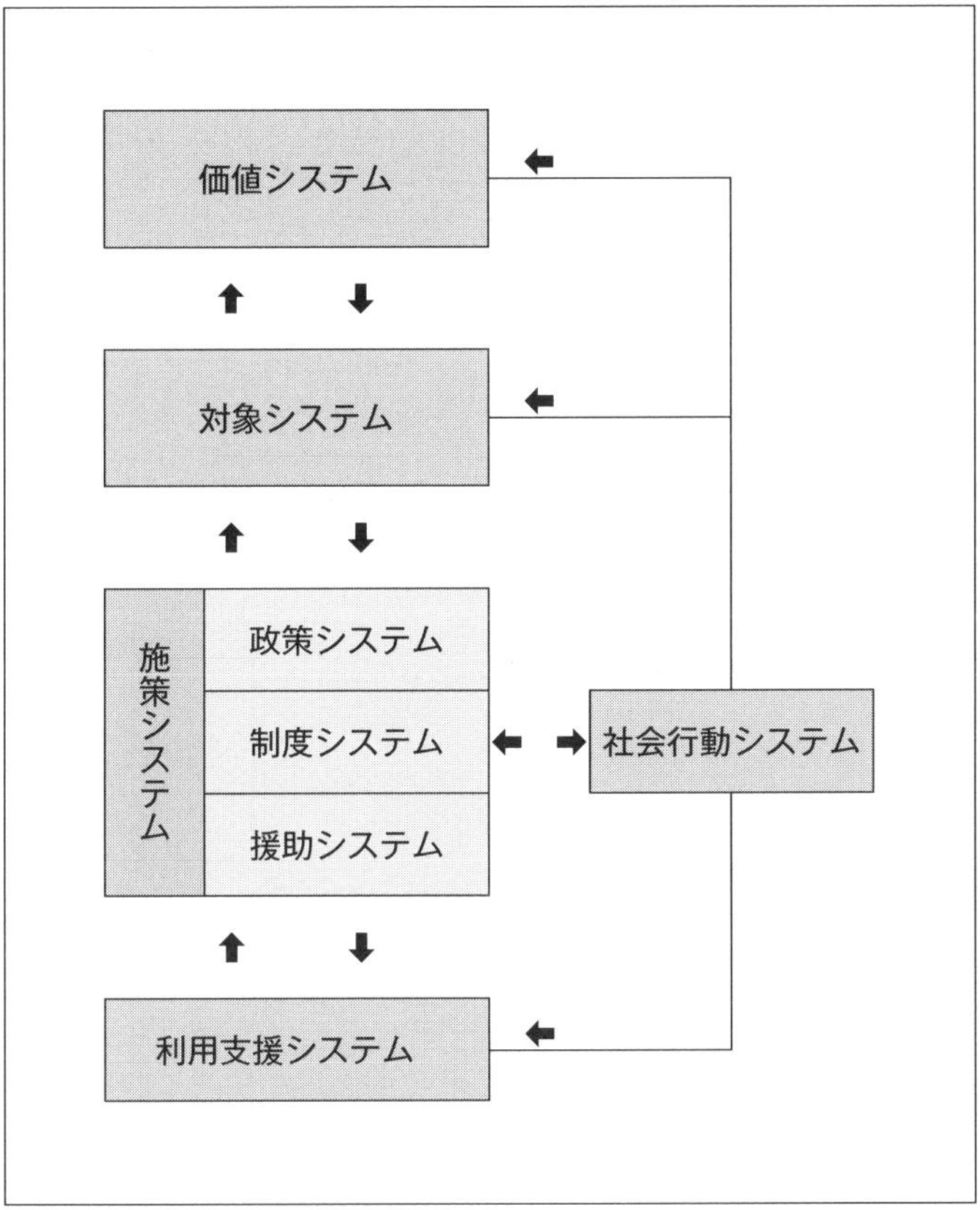

図３　社会福祉のシステム構成　古川孝順　作成

さらに、筆者は、施策を構成する要素としての政策、制度、援助に加え、社会福祉の本体部分である施策を駆動する、あるいは機能させるときに必要となる資源要素としての権限、情報、要員、財源を設定し、構成要素群と資源要素群の交錯するところに「政策システム」「運営システム」「援助システム」を設定している。そのうち、政策システムは「政策策定システム」と「政策運用システム」から構成され、援助システムは「援助提供システム」と「援助展開システム」から構成される。運営システムは、それに直接的に対応する制度運営システムを中心に、両翼に政策運用システムと援助提供システムを抱え込むかたちで構成される。制度運営システムを中心に、政策運用システムと援助提供システムを媒介項として政策、制度、援助を相互に結びつけ、社会福祉を一体的に把握することを意図したものである。**図4**はそのことを示している。

七　構成要素の素描

以下、社会福祉を構成する要素のうちから社会福祉の対象、政策、制度、援助を選び、若干の要約的な議論を付け加えておきたい。

（一）　社会福祉の対象

社会福祉の対象をどのようにとらえるかという問題については幾つかの論点がある。第一の論点は、個人貧と社会貧ということばにも象徴されるように、社会福祉の対象として想定されている状況の性格がその起源において私的な性格のものであるのか、それとも社会的な性格のものであるのか、という問題である。この論点は社会的有責性とかかわってい

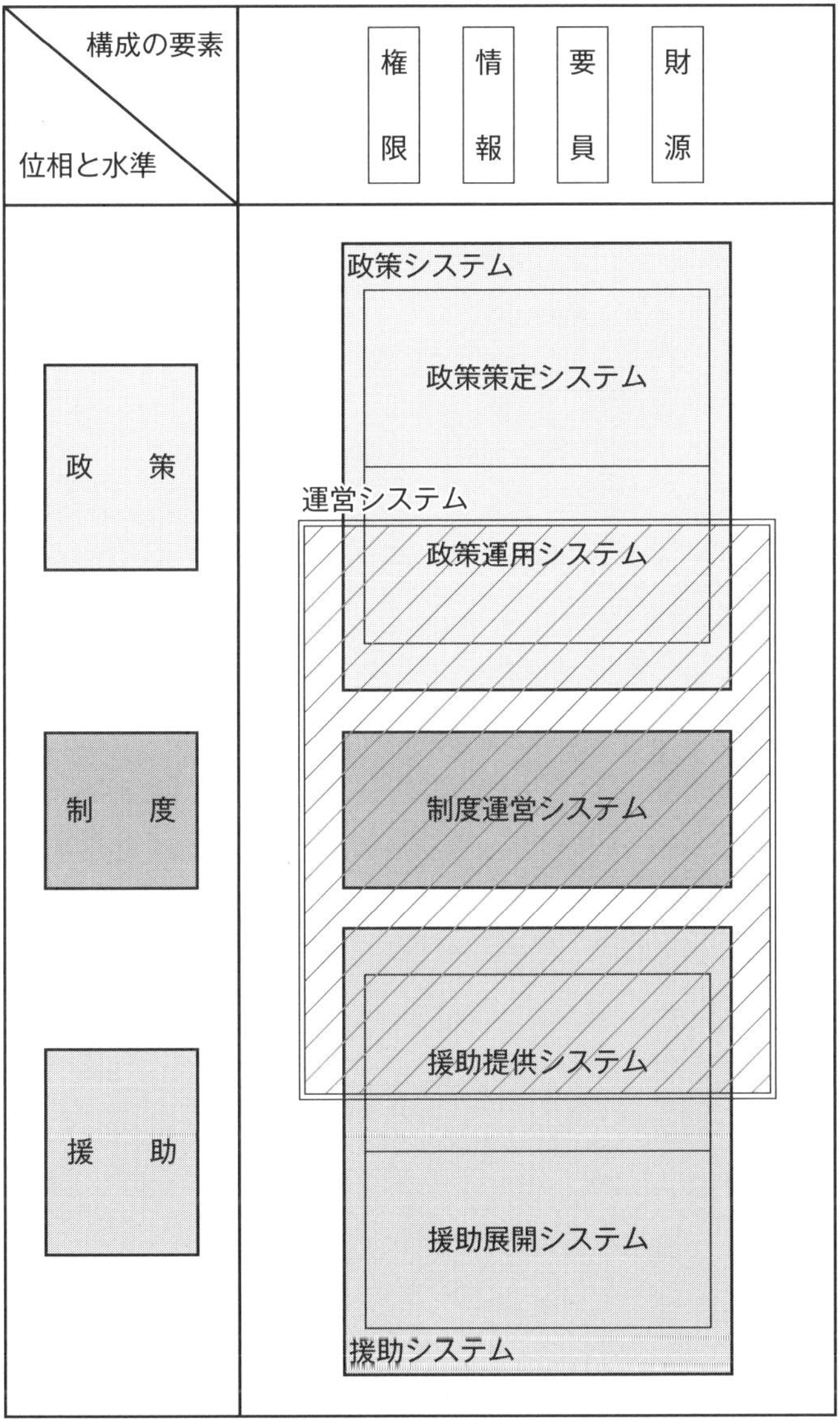

図４　施策システムの内部構成　　古川孝順　作成

る。すなわち、想定されている状況が純粋に私的に生成してきたものであれば、それは社会福祉的対応の埒外《らち》にあるものと考えられる。社会福祉的対応の必要性が認められるのは、基本的には、想定されている状況が社会的に生成しているか、あるいは私的に生成していても私的な対応の範囲を超えている場合のいずれかにおいてである。

第二の論点は、社会福祉の対象となりうる状況を、利用者として想定されている人びとのもつ属性によって把握するのか、それとも利用者のになうある種の問題状況として把握するのかという問題である。わが国における社会福祉法は、貧困者、子ども、障害者、高齢者など想定される利用者のもつ属性の違いを基準に構成されている。この対象認識の方法は大変理解しやすい。しかし、それだけでは対象認識の方法として不十分である。

そこで提起されるのが、社会福祉の対象となる問題状況を生活問題あるいは福祉ニーズとしてとらえるという認識の方法である。そして、そのことにかかわって第三の論点が形成される。生活問題としてとらえる立場と福祉ニーズとしてとらえる立場の認識方法の違いとその対立である。

（二）社会福祉の政策

社会福祉の政策には三通りの領域がある。第一には、社会福祉の存立そのものに根拠を与える政策の領域である。第二には、社会福祉をめぐる政策である。第三には、社会福祉についての政策の領域である。歴史的にみれば、社会福祉は民間における慈善的な救済活動に始まるが、そこに次第に地方の政府（行政）機関が関与するようになり、やがては中央政府の責任にかかわる政策として位置づけられ、展開されるにいたっている。

第一の政策領域に関する研究は、そのような社会福祉の位置づけが何ゆえに形成されるかを、国家やその背景にある利益団体、なかでも資本（家階級）の政策的意図にかかわらせて解明することを軸に展開されてきた。

第二の政策領域に関する研究は、労働政策、財政政策、教育政策、司法政策、家族政策など社会福祉のありように外在的に影響を及ぼす政策を取りあげ、それらと社会福祉との関係を解明するというかたちで展開されてきた。

第三の政策領域に関する研究は、社会福祉に直接的、内在的にかかわって社会福祉のありようを規定する政策の内容やその策定、運用の過程を解明するというかたちで展開されてきた。わが国の政策研究は伝統的に第一、第二の政策領域にかかわる研究を中心に展開されてきたが、近年は第三の政策領域についての研究が主流になっている。

(二) 社会福祉の制度

社会福祉の制度は、一定の利用条件を充足する利用者に生活費、住宅費などの金銭の扶助、保育、養護、介護、援護などの専門職による人的サービス、一定の施設設備、生活機器、装具などの物的サービス、生活型施設などのシステム的サービスを提供する個別の事業(社会福祉事業)と、それらを設営、運営管理し、そのために必要とされる権限の設定とその配分、情報、人材、財源の調達と運用にかかわる機構の総体としてこれを理解することができる。

わが国の社会福祉の制度をその法的根拠となっている社会福祉法の体系に依拠して示すと、それは、生活保護事業、児童福祉事業、母子および寡婦福祉事業、身体障害者福祉事業、知的障害者福祉事業、精神保健福祉事業、老人福祉事業、介護保険事業、その他の福祉事業、そして地域福祉に整理することが可能である。

これらの社会福祉事業のうち、生活保護事業からその他の福祉事業までは、社会福祉の事業をその利用者のもつ属性にしたがって、いわば縦割りに整理したものである。

地域福祉は、そのような縦割りの社会福祉事業を横に串刺しする関係に位置し、かつ地域社会における福祉コミュニティを基盤に、各種個別事業間を連絡調整し、その総合的な展開を意図するシステムとして位置づけられる。

社会福祉事業については、その運営展開が利用者の身体や人格に及ぼすと推測される影響の度合いによって、第一種社会福祉事業と第二種社会福祉事業に区分され、前者の経営主体は、原則として、国、地方公共団体、社会福祉法人に限定されている。

（四） 社会福祉の援助

一般的に社会福祉を利用する、社会福祉の利用者という表現が行われる。しかし、厳密にいえば、社会福祉の利用者が利用しているのは、社会福祉という制度的枠組みを通じて提供されている社会福祉の援助である。そして、その枠組みは政策的に設定されている。すなわち、社会福祉の援助は、政策の策定、その制度化、そして実体化という過程を通じて利用者の利用に供される。

ただし、歴史的にみれば、社会福祉は政策、制度、援助という過程で形成されてきたわけではない。先行したのはまず援助であり、それが事業として組織化・制度化され、政府によって政策として掌握され、運営管理されるようになる。援助は、原初的には、地域社会や宗教者による自発的、主体的な活動として登場した。それが一定の条件のもとに継続的、組織的に展開されるようになり、社会的にも一つの事業として認知される。政府（国家）は、そのように事業化された援助を補助金の交付、登録、許認可などの手法を通じて掌握する。こうして民間の自発的、主体的な行為としてはじまる社会福祉の援助は、最終的には政府の指揮のもとに運営管理されることになる。

さて、社会福祉の政策はそれ自体としては有用性をもちえない。それはまず社会福祉制度に具体化される。ここでいう制度は社会福祉事業の集積あるいはその体系である。その制度が利用者の利用の対象として有用性をもつためには、制度は援助に転換され、実体化されなければならない。社会福祉の政策は援助という形態に転換されることなしには有用性をもちえない。

ただし、ここで重要なことは、援助は、制度という媒介項を通じて政府の方針（政策）に規定されるといっても、それに完全に従属する地位にあるわけではないということである。援助システムは、基本的には、政策的、制度的な規定のも

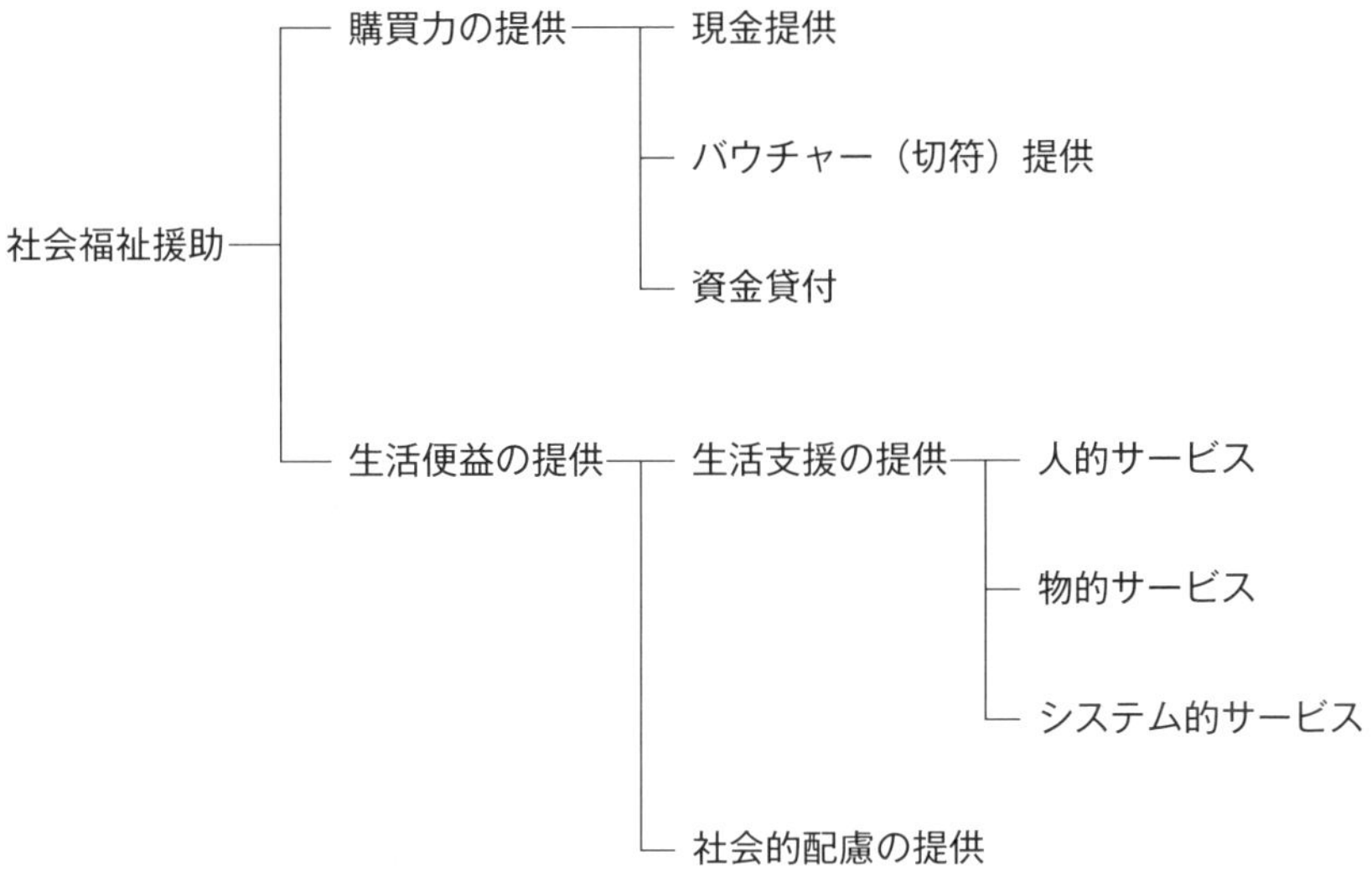

図５　社会福祉援助の類型　　古川孝順　作成

とにある。しかし、それは同時に、独自の行動原理をもって駆動している。しばしば、援助システムは、政策的、制度的な規定の外側において、新たに先導的な領域を開拓し、事業への展開を試みる。そのような援助システムのうちに社会福祉の発展をもたらす原動力が潜んでいるのである。

図5は、そのような援助システムを通じて提供されている社会福祉援助の基本的な類型を示したものである。社会福祉の援助は、まず、①購買力の提供と②生活便益の提供に区分される。購買力の提供は、所得の欠落や不足のために十分な購買力をもたない貧困者や低所得者、母子、障害、高齢などの事情のため一般家庭に比較し生活費負担の多い個人や家族にたいして、現金提供、バウチャー（切符）提供、または資金の貸付によって購買力を提供し、あるいはそれを補強することを目的に行われる。

生活便益の提供は、幼弱、母子、障害、高齢、孤立、排除、差別、暴力その他の事由に起因する生活上の困難や障害（福祉ニーズ）をもつ人びとにたいして、その困難や障害を解決し、軽減緩和するうえで必要とされる生活支援を提供し、あるいは一定の社会的配慮を講じることを通じてその自立生活を支援することを目的に行われる。

生活支援は、さらに人的サービス、物的サービス、システム的サービスから構成されている。人的サービスは、相談、保育、養護、教護、生活指導、ホームヘルプサービス、介護などであり、いずれも社会福祉に従事する専門的ならびに非専門的な職員による労働、すなわち人間労働（その働き・作用）という形態で提供される。援助の機軸は労働集約的な人的サービスによって構成されている。

物的サービスは、装具、日常生活用具の提供などが主要な内容となる。食事（弁当）の提供（配食サービス）もここに含めることができる。物的サービスの内容は、障害者や高齢者にたいして物財（モノ）のもつはたらき（作用・機能）の提供である。

システム的サービスは、人的サービス、物的サービス、さらには営造物の機能などの諸要素が不可分に一体化しているサービスである。それは、人的サービスや物的サービスに還元し難い複合的なサービスである。伝統的な入居型施設による生活の援護、各種の福祉センターや老人クラブなどで行われる社会参加促進事業などがこの範疇にあたる。

最後に、社会的配慮の提供は、優先的認可や料金の割引などを通じて、低所得者や母子家庭、寡婦、高齢者世帯等の自立生活を側面から支援しようとする措置である。

八　社会福祉学の性格

社会福祉研究の見取り図についての議論を終えるにあたり、もう一度社会福祉学の性格について言及しておきたい。

私は、この章の「三　社会福祉研究の方法」において、社会福祉研究は多様な隣接諸科学の手法による学際科学（インターディシプリン）としてはじまるが、それはやがて隣接諸科学の方法や知識を組織的に動員し、そこから一つのまとまりをもった成果を編みだす複合科学（マルティディシプリン）に進み、最終的には自己の研究活動を通じて、独自の視点、方法、枠組み、手続き、言語体系をもつ一つの融合科学（トランスディシプリン）としての発展が期待されるべきものであると書いた。ここでその趣旨を多少敷衍しておこうと思う。

このような社会福祉学の性格についての議論は、社会福祉研究は固有の研究の対象と方法をもつ科学の一領域＝ディシプリンなのか、それともそれぞれに独自の方法をもつ科学がそれぞれの方法をもちいて研究している対象領域＝フィールドなのか、という年来の争点にかかわっている。社会福祉学を学際科学であるとする規定は、社会福祉学を複数の科学がそれぞれの方法をもちいてアプローチする対象領域＝フィールドとしてとらえることを意味している。社会福祉学を一箇の科学とする規定は、それを固有の対象領域と方法をもつ科学＝ディシプリンの一つとしてとらえることを意味している。

この、社会福祉学はディシプリンなのかフィールドなのかという議論は、社会福祉の研究やその成果が何程かのまとまりをもったものとしてアカデミックコミュニティに登場するようになって以来のものであるが、容易には決着しそうにない。社会福祉学は、いってみればアカデミックコミュニティに遅れて登場してきた成年であり、先付科学の構成するディシプリンクラブになかなか入会させてもらえないという状況にあるとでも表現すればいいであろうか。そこには、社会福祉学は研究上の固有の視点や枠組みという先行ディシプリンがともにもつ要件をもちえない、あるいは将来は別にして現時点においてはもちえていないという判断が介在している。社会福祉学はフィールドであってディシプリンではないという判断である。

このような論争はわが国だけのものではない。イギリスにおいてもソーシャルポリシーに関して同様の議論、すなわちソーシャルポリシーはディシプリンなのかそれともフィールドなのかという論争が存在している。ソーシャルポリシーは、科学の一つなのか、それとも複数の科学が共有する研究の対象領域を意味するのかという論争である。そこでは、ソーシャルポリシーをディシプリンとして規定するとすれば、その場合、それは社会学や経済学、政治学とどこが異なるのかが問われている。もし、それが研究の対象となる一定の領域を意味するということになれば、ソーシャルポリシーは社会学や経済学や政治学、あるいは心理学など多様なディシプリンからアプローチすることのできる学際的な研究領域ということになる。

こうした論争について、ソーシャルポリシーの研究者であるオルコック（Alcock, P.）は、ディシプリンかそれともフィールドかという論争は大学世界、研究者世界でのことであり、ソーシャルポリシーの現場では研究も実践もそのような議論とはかかわりなしに推進されていると指摘している。オルコックは、ソーシャルポリシーはディシプリンなのかそれともフィールドなのかという論争は、いずれの立場をとるにせよ際限のないものにならざるをえず、あまり生産的な議論とは考えていないようにみえる。オルコックは、論争のいずれの立場に与するかということよりも、「社会的なるものの世界（ソーシャルワールド）」にかかわる政策的事象の研究と実践により強い関心を抱いているのである。(6)

やや議論の本筋から逸脱することになるが、この、オルコックのソーシャルポリシーを「社会的なるものの世界」あるいは「社会的ワールド」にかかわる政策としてとらえようとする視点は興味深い。筆者は、近代社会を社会システム、経済システム、政治システム、文化システムという四通りの位相からなる四相社会としてとらえることを前提に、ソーシャルポリシー（社会政策）を近代社会の社会システムにかかわる政策として位置づけている。この意味でのソーシャルポリシーは、経済システムに対応する経済政策、政治システムに対応する政治（統治）政策、文化システムに対応する文化政策に比肩されるべき、固有の、一つのまとまりのある内容をもつ政策分野として存立している。それは、多様なディシプリンによるアプローチを必要とする、あるいはそれを可能とするフィールドであると同時に、そのような学際的な研究がやがては一つのディシプリンに発展するための共通基盤を提供するフィールドとして存立している。

このようなソーシャルポリシーについての議論は、ソーシャルポリシーを構成する社会サービスの一つである社会福祉にもそのまま妥当する。社会福祉は長いこと学際的な研究の対象であった事実を認めることにやぶさかでない。すなわち、社会福祉学はフィールドとして出発をした。しかし、そのような学際科学としての社会福祉研究は徐々に隣接諸科学の方法や知識を組織的に動員し、そこから一つのまとまりをもった研究の成果をあげ、社会福祉の実践を先導する複合科学の域に到達する。そして、やがて社会福祉学はそれ自体として固有な視点と枠組み、言語体系をもつ融合科学の水準に進むものと期待される。

この方向が一定の成熟の段階に達したときには、社会福祉は、既存のディシプリンとは次元を異にしつつも、固有の研究の対象と方法を主張する新しい科学＝ディシプリンの一つとして自立することになると考えている。

〔註〕

(1) 孝橋正一『全訂 社会事業の基本問題』ミネルヴァ書房、一九六二年、六一～六四頁

(2) 岡村重夫『社会福祉原論』全国社会福祉協議会、一九八三年、八三～八四頁

(3) 「社会福祉のL字型構造」については拙編『生活支援の社会福祉学』（有斐閣、二〇〇七年）所収の拙稿「生活支援の社会福祉学」を参照されたい。

(4) 真田是『現代の社会福祉理論』労働旬報社、一九九四年、四五～四八頁

(5) 吉田久一『新・日本社会事業の歴史』勁草書房、二〇〇四年、六頁

(6) Alcock, Pete (1996) *Social Policy in Britain : Themes and Issues*, London : Macmilan, pp.18–19.

第七章　社会福祉二一世紀の課題

われわれは来るべき二一世紀において一体どのような社会を経験することになるのであろうか。そして、そこで展開される社会福祉はどのような構造をもち、いかなる機能を果たすことになるのであろうか。

もとより、未知の世界である二一世紀の社会を既知の社会のようにイメージ化し、そこにおける社会福祉を思い描き、特徴づけることなどはじめからできようはずもない。しかしながら、二一世紀の社会も、そして社会福祉も、こんにちわれわれが直面している社会や社会福祉の姿やかたち、そのはたらきと無縁ではありえないであろう。あたかも、こんにちの社会と社会福祉が一九世紀後半以来の社会とそのなかで生成、発展してきた社会福祉史の延長線上に位置しているように、二一世紀の社会と社会福祉もまた二〇世紀における社会と社会福祉のありようの延長線上において展開するほかはないからである。

現在は過去を将来に継承する接点である。現在は、過去の結果であると同時に、将来をうみだす起点である。ここでは、そのことを前提に、過渡期的、転換期的状況にあるこんにちの社会と社会福祉、そしてそれらが内包する諸問題をどのように把握し、分析し、理解すべきなのか、またそれらの解決にいかにして寄与することが可能かという視座と観点から、二〇世紀の社会と社会福祉を回顧し、その延長線上において来るべき二一世紀の社会と社会福祉の課題について若干の考察を試みることにしたい。

一　転換期的問題状況

社会福祉の舞台装置としてみるとき、一体に二〇世紀はどのような時代であったろうか。端的にいえば、一九世紀の百年間が資本主義の時代であったとするならば、二〇世紀の百年間は社会主義の時代であったといっても過言ではない。実際、一九世紀は産業革命を通じて確立した資本主義の思想とその体制が、その比類なき生産力と軍事力を背景に、世界を席巻し、支配した時代であった。これにたいして、二〇世紀は、社会主義の思想とその体制が世界的な影響力をもつ対抗軸として新たに登場し、資本主義対社会主義という二項対立（ダイコートミー）的な状況のなかで世界史が形成されてきた時代であった。

（一）「市場の失敗」と社会主義の浸透

一九一七年のロシア革命から九一年のソビエトロシアの崩壊にいたる七十四年間、世界の経済、政治、社会、そして文化は、一九世紀以来の影響力を確保し、維持しようとする資本主義の思想と体制と、それを厳しく批判し、克服しようとする社会主義の思想と体制という二項対立的な構造と直接的に、あるいは間接的に関連をもちながら推移してきた。なかでも、第二次世界大戦後の四十年余を支配した冷戦構造の時代における両者の関係は危機的なものであった。戦後における植民地の解放を推進しつつ顕著にその影響力を増大させていった社会主義体制と、そのことにいらだちと深刻な危機感をもつ資本主義体制とは経済的、政治的、イデオロギー的に深く、鋭く対立し、しばしば軍事力による全面的衝突の危機すら取り沙汰されてきた。

歴史を遡及していえば、一九世紀の後半にその影響力を拡大しはじめる社会主義は、同時代における資本主義の確立と著しい発展のもたらした負の所産である大衆的な失業、困窮、生活不安、傷病、障害、犯罪、少年非行、密住などの広汎かつ深刻な社会問題を批判し、その根源的な克服を意図する思想そして社会運動として登場してきたのであった。社会主義は、資本主義の根底にある剥きだしの個人主義、私的所有、利潤増殖主義、競争至上主義などの弊害を鋭く批判し、国家の介入を前提とする社会的所有への移行、社会的な公正や平等の実現、すべての国民にたいする参政権・労働権・生活権の保障を主張したのである。

このような社会主義の思想は、二〇世紀を迎え、ソビエトロシアをはじめとして社会主義体制をとる国々が誕生するとともに、現実的具体的に、政治的な課題として追求されることになる。しかしながら、社会主義の思想は、社会主義体制をとる国々においてのみ追求されたのではない。それは、表層的、あるいは部分的な範囲にとどまっていたとはいえ、資本主義体制をとる国々においても追求されてきたのである。実際、戦後四十余年に及ぶ冷戦構造下の資本主義諸国にみられた福祉国家政策の発展は、社会主義的諸理念の実現が社会主義体制によらずとも、さらにいえば社会主義体制におけるよりもより十全なかたちで可能であることを、社会主義体制をとる諸国にたいして、また資本主義諸国内部の社会主義的諸勢力にたいして証明し、資本主義の社会システムとしての優越性を強調しようとしたものであったといってよい。

戦後のわが国を含めて、先進資本主義諸国における社会保障や社会福祉の発展は、世界史的なレベルでいえば、このような二〇世紀の世界社会を特徴づけた特有な構造のなかでうみだされてきたものであった。直截にいえば、二〇世紀の後半における社会保障や社会福祉の発展はまさに、このような社会主義対資本主義という二項対立的な政治経済的ならびに社会的な構造の産物であったといってよいのである。

（二）「政府の失敗」と市場原理の再生

しかしながら、周知のように、このような社会主義と資本主義の相剋という二項対立的構造は、八〇年代末から九〇年代初頭にかけての東欧ロシア社会主義体制の崩落とともに、その終焉の秋を迎えることになった。東欧ロシア社会主義体制の崩落は、しばしば社会主義にたいする資本主義の勝利を意味するものとして喧伝される。けれども、これまた周知のように、この時期において、厳しい批判の対象とされ、危機的状況に追い詰められていたのは、社会主義体制ばかりではなかった。むしろ、東欧ロシア社会主義体制の崩落に一歩先立つかたちで、資本主義体制の内部においても、ある種の崩壊現象が進行していたのである。

すなわち、資本主義体制の内部においては、すでに七〇年代のなかば以降、イギリスやアメリカを中心に、第二次世界大戦後の経済復興と高度経済成長を導き、福祉国家政策の展開を可能ならしめてきたケインズ的現代資本主義体制の行き詰まりを象徴するようにスタグフレーションが進行し、景気の停滞と低迷が顕在化しつつあった。一九三〇年代アメリカのニューディール政策にはじまる国家主導の経済運営の方式は、すでに市場原理と小さな政府への復帰を唱導する新自由主義者や新保守主義者たちによる鋭い批判に曝され、改革のやり玉にあげられていたのである。

社会主義の時代である二〇世紀の最後の十年間に勝利を宣言したのは、戦後の冷戦構造を演出してきた社会主義の体制でも資本主義の体制でもなかった。八〇年代を転換期として九〇年代に勝利を収めたもの、実はそれは市場原理であり、それを根幹としながら国境を越えて発展してきた市場経済にほかならなかった。一九世紀の後半における社会問題の噴出として顕在化してきた「市場の失敗」を克服すべく登場した社会主義も、またそれに対抗して自己変革を遂げてきた資本主義も、二〇世紀の末期において自由な市場、利潤の増殖と自由な競争を機軸的な原理とする市場経済の反撃をうけ、根源的なレベルにおいてそのありようを問われることになった。

八〇年代末に露呈してきた計画経済を基盤とする社会主義体制の停滞も、また七〇年代末以来のケインズ主義的な政策介入を基盤とする資本主義体制の停滞も、そのいずれもが市場的増殖原理や競争原理の否定ないし制限を前提とする国家による経済の計画化ないし直接的介入・規制という経済運営の手法、そしてそれに連動する政治手法という同一種類の要因に起因するものとして批判されることになった。一九世紀から二〇世紀にかけての世紀転換期において「市場の失敗」

にたいする批判を拠所に世界の表舞台に登場してきた社会主義の思想と体制も、またそれに対抗しつつ自己変革を続けてきた資本主義の思想と体制も、百年を経過した一九八〇年代から九〇年代にかけて、軌を一にするように、今度は「政府の失敗」にたいする責任を問うというかたちで市場経済的批判の対象に据えられることになったのである。

社会主義の停滞と資本主義の停滞にたいする市場経済の処方箋は、ともに増殖原理と競争原理から構成される市場原理の導入ないしその活性化、分権化の促進、規制緩和、そして自己責任原則の強化ということであった。もとより、処方箋の焦点は異なっていた。社会主義の停滞にたいしては市場原理の導入、すなわち経済の市場経済化が求められ、資本主義の停滞にたいしては市場原理の再生、分権化、規制緩和、そして自己責任原理の強化による市場経済の活性化が求められることになった。

（三）　オルタナティブの探求

さて、このような状況のなかで、八〇年代このかた、わが国にかぎらず、先進資本主義諸国を通じて、社会福祉は「政府の失敗」を象徴する主要な領域の一つとみなされてきた。たしかに、こんにちわが国の社会福祉をみても、中央集権主義や官僚主義の肥大、家父長主義的な事業経営、サービス内容の低位性、福祉官僚と福祉経営者の癒着と汚職など、まさに「政府の失敗」を象徴するかのような改革課題が山積している。八〇年代以来の福祉改革もいまや新たな段階を迎えつつあるという印象が強い。そして、改革の方向は明確に市場原理の強化と自己責任原則の拡大に向けられている。

こうして、二〇世紀から二一世紀への世紀転換期にあるこんにち、われわれはまさに転換期的問題状況に直面させられることになった。すなわち、われわれは、社会福祉の現状を「政府の失敗」とみなしてこれを批判し、「市場の失敗」を必要悪として甘受することを求める市場原理主義の立場を容認するのか、それとも「市場の失敗」と「政府の失敗」を同時的に克服しうるような第三の道、オルタナティブを追究するのか、理論的にも実践的にも、重大かつ深刻な岐路に立たされているのである。

しかも、われわれがいま直面せしめられている転換期的問題状況は、ひとり社会福祉の内部的な問題として処理されるべきものではない。それは、一九世紀最後の四半世紀に顕在化してきた「政府の失敗」にいたる百年単位のサイクルで進行してきた世界史的なうねりのなかで、その一部分ないし一側面に位置する問題としてとらえられ、処理されなければならないのである。

二　福祉集権主義と市場原理至上主義

第二次世界大戦の未曾有の混乱と窮乏のなかで再出発したわが国の社会福祉は、その後の五十余年間に著しい発展をとげることになった。しかし、その反面、社会福祉の領域においても、中央集権化や官僚主義化が進行し、福祉集権主義ともよびうるような状況が形成されてきた。二〇世紀最後の十年に露呈してきた福祉官僚と福祉経営者の癒着と汚職は福祉集権主義の根の深さと深刻さを物語るできごとであった。

（一）　福祉集権主義の形成

実際、戦後五十余年間のわが国の社会福祉のありようを象徴してきた国家責任と生活権の普遍的保障という観念は、一方においてわが国の社会福祉に近代化と質量両面にわたる発展をもたらすことになった。しかしながら、他方において、それは国（中央）政府を機軸に社会福祉の中央集権主義化や官僚主義化をもたらし、いわば福祉集権主義ともいうべきものを形成してきた。そして、この福祉集権主義は、戦前以来の伝統的、家父長主義的な社会福祉の組織原理を継承することによって、家族経営的な社会福祉施設の運営や低位なサービス水準を当然とみなすような風潮を温存させただけでなく、その延長線上において福祉官僚と福祉経営者の癒着や汚職をうみだすことになった。このような事実をみれば、福祉集権主義とその弊害をもって「政府の失敗」の象徴とみなす市場原理主義者たちの指摘も、あながち的外れとばかりはいえないであろう。

周知のように、わが国においては、一九八〇年代のなかば以来、行財政改革の一環として福祉改革が実施されてきた。いわゆる八〇年代福祉改革の課題は、普遍化、多元化、分権化、自由化（脱規制化）、計画化、総合化、専門職化、自助化、主体化、そして地域化ということであった。これらの課題は、九〇年の「福祉関係八法改正」によってさらにその実現が促進されることになった。なかでも、社会福祉における分権化と規制緩和（自由化＝脱規制化）は、八五〜八六年と九〇年の二度にわたる福祉改革によって大幅に促進された。

実際、八〇年代福祉改革は、その後におけるわが国の行政改革を分権化と規制緩和の方向に先導するものであったといって過言ではない。しかし、福祉改革の動向について、一部の分権論者たちは改革はなお不十分であるという。八〇年代福祉改革以降、分権化や規制緩和が促進されたようにみえながら、現実には国政府の権限はその過程においてむしろ強化されてきたという。[1] なかでも、六〇年代以来自治体によって運営管理されてきた在宅福祉サービスの法制化（国制度化）は改革の目標である分権化と自由化に逆行するものであり、補助金の操作によって国政府の地方自治体にたいする支配を強化するものにほかならないという。いわゆる新中央集権主義の形成である。

（二）　市場原理至上主義の台頭

このような状況認識に依拠する一部分権論者たちの処方箋によれば、新中央集権主義にたいするもっとも効果的な対処の方法は、分権化や規制緩和の促進剤として市場原理を大幅に導入することであるという。このような分権論者たちによる処方箋のなかでは、分権化や規制緩和は、社会福祉にたいする市場原理の導入、より具体的にいえば福祉サービスの供給にたいして営利事業体の参入を認めることとほとんど同義語として取り扱われている。市場原理を万能視するいわば市場原理至上主義である。このような傾向は、九〇年代なかば以降の保育所改革や介護保険導入にかかわる議論のなかで、利用者の選択・申請権、サービス供給における規制緩和、措置から契約利用方式への移行、そして自己責任主義が話題になることを通じて一挙に強まったように思われる。

重ねていえば、戦後における社会福祉の歴史のなかで国家責任と生活権の普遍的保障という理念が、一面において国政府を中心とする福祉集権主義の肥大をもたらしたことは否定し難い事実であろう。第一種社会福祉事業の経営主体の制限に象徴的にみられるように、社会福祉サービスの運営が国・自治体と社会福祉法人によって事実上独占され、そこに各種の停滞や弊害がうみだされてきたこともまた事実である。その意味において、事態はいまや抜本的な改革を必要とする状況にある。

しかし、そうはいっても、こんにちわが国の社会福祉が直面させられている諸問題、すなわち福祉集権主義、利用者の市民的諸権利にたいする抑制、社会福祉法人による施設経営の不透明性、福祉経営者と福祉官僚との癒着や汚職、サービスの質量両面にわたる低位性、など、諸々の問題のすべてが、市場原理主義者の主張するように、市場原理の導入によって直ちに解消されうるというものではないであろう。市場原理は万能ではありえないのである。

（二）　公的責任システムの再構成

戦後福祉改革のなかで導入され、定着することになる国家責任や生活権の保障という観念に国政府を中心とする福祉集権主義の肥大をもたらすような側面のあったことはたしかである。しかし、戦後のわが国の社会福祉においてそれらが歴史的に重要な役割を果たしてきたこともまたたしかである。その事実が否定され、あるいは軽視されるようなことがあってはならないのである。国家責任や生活権の観念の導入と定着がなければ、こんにちのようなわが国の社会福祉の発展はありえなかったであろう。また、それらが形成されるにいたった歴史的社会的経緯に照らしていえば、国家責任や生活保障の観念を全面的に否定し、解除しようとすることは社会福祉の発展に逆行するものといえよう。

わが国の社会福祉にとっていま必要なことは、ただ市場原理の導入に邁進するということではない。むしろ、国家責任や生活権の保障という観念のもつ歴史的社会的な意義を継承しつつ、同時に福祉集権主義の陥穽に陥ることを回避することができるような新しい公的責任システムのあり方を追求することであろう。そのことこそが重要なのである。

その意味において、ここで、戦後福祉改革の過程において導入された「国家責任原則」が他方における「公私分離原則」とともに、広く「公的責任原則」を構成するものとして理解されてきたことに注意を喚起しておきたい。もとより、国家責任原則はそれ自体として独立に歴史的な意義をもっている。しかし、それは同時に、公私分離原則とかかわりつつ、全体として公的責任原則を構成するものとして導入され、わが国社会福祉の近代化に重要な役割を果たしてきたのであった。いま重要なことは、国家責任原則の功罪をそれ自体として独立に論じることではない。むしろ、必要なことは、社会福祉における国家（国政府）の責任や役割のありかたを、地方自治体（地方政府）の責任や役割のありかた、さらには広く民間組織のありかた、また公民両セクターの関係のありかたなどと関連づけながら、社会福祉における新しい公的責任システムの再構築という、より包括的な視点と文脈のなかで改めて検討し直してみるということである。

（四）　社会福祉法人制度の再評価

九〇年代のなかば以降、介護保険制度の導入にともなうサービス供給組織のありかたに関する議論や福祉官僚と福祉経営者の癒着に関する問題が浮上してきたことに刺激されるかたちで、改めて民間セクターを代表する社会福祉法人のありかたが問われ続けている。

周知のように、社会福祉法人はもともと日本国憲法第八九条という慈善博愛の事業にたいする公金支出の禁止と公的福祉の不備欠落を民間社会福祉に依存してカバーせざるをえないという現実的要請との矛盾を措置委託費制度という便法によって応急的に処理し、同時に公私分離原則を貫徹させようとして創設された制度である。その根拠法である社会福祉事業法は、国、自治体、そして社会福祉法人その他の民間の社会福祉事業経営者は、社会福祉事業の経営に関してはそれぞれが独立した存在であり、相互に依存しあるいは介入してはならないと定めている。このような社会福祉事業法の精神からすれば、国・自治体による公的社会福祉事業と社会福祉法人を中心とする民間社会福祉事業とは本来相互に独立した領域を構成するものであり、それぞれが独自に展開してはじめて、それぞれの特色を発揮し、ひいては社会福祉の全体としての発展に貢献しうるはずであった。

しかしながら、現実的には、民間の組織である社会福祉法人はその許可に関する権限と措置委託費制度によって福祉行政に絡めとられてしまい、社会福祉法人はいわば第二福祉行政団体ともいうべき存在に転化してしまった。まさにそれは福祉集権主義の産物というべきであろう。その意味では、分権主義者や市場原理主義者たちが社会福祉法人の制度と現状を改革の課題とすることに異論はない。しかし、サービス供給組織にたいする営利事業者の参入を認めること、すなわち市場原理にもとづく競争の導入という手段によってただ一方向的に社会福祉法人に改革をせまるというのでは事柄の反面のみをみる処方箋といわざるをえないであろう。

社会福祉法人に関してはいま一つ論点が存在する。それは、社会福祉事業法が第一種社会福祉事業の経営を、国・自治体を除けば、原則として社会福祉法人にのみ認めていることである。このことは、民間における第一種社会福祉事業の社会福祉法人による独占という事態をうみだし、一部に指摘されるような経営の不透明性やサービスの内容の低位性をもたらすことになった。ここにも福祉集権主義の関与があることは指摘するまでもないことであろう。この問題にたいする分権主義者や市場原理主義者たちの処方箋もまた、営利事業者の参入を前提とする市場原理の導入である。われわれは、この処方箋についても少なからず疑問を差しはさまざるをえない。たしかに、市場原理の導入による社会福祉法人経営の近代化には期待しうることが多いかもしれない。しかし、分権主義者や市場原理主義者たちの推奨する市場原理には競争原理とともに根源的なレベルにおいて社会福祉の理念と抵触する増殖原理が内包されている。そのような市場原理を導入することによって必然的に経営の透明性が確保され、サービスの質的向上がもたらされるということにはならないであろう。

市場原理の効用を強調する分権主義者や市場原理主義者たちの処方箋には、市場原理の導入によって利用者の選択的利用が行われるようになり、そのことが福祉サービス提供者にインセンティブとしてはたらいて必然的に経営の透明性やサービス水準の向上がもたらされるという仮定が含まれている。しかし、福祉サービスの利用者は必ずしも、市場における商品交換が一般的に措定しているような、商品選択に必要とされる判断能力と自己責任能力をもつ消費者ではない。逆に、福祉サービスの利用者の大多数は市場弱者ともいうべき人びとである。市場における競争が有利な状況をもたらすどころか、むしろ容易に市場原理の犠牲者になってしまいかねないような存在である。倒産したり転売された有料老人ホームの例や高齢者相手の悪徳商法の例に言及するまでもないであろう。

われわれは、ここにおいて、社会福祉事業法が第一種社会福祉事業の経営を国・自治体と社会福祉法人に限定した理由を思い起こしておかなければならない。社会福祉事業法の制定を推進した木村忠二郎は、社会福祉事業法が第一種社会福祉事業の経営主体を限定した理由として、利用者の人格的尊厳の維持と施設経営者による搾取の防止をあげている。ここで木村が搾取といっているのは施設入所者による労働の搾取であるが、高齢者施設経営者による施設居住者の金品の搾取、利益の最大化を求める結果としての低劣なサービス水準の強制などはまさに搾取の現代的な形態というべきであろう。このような施設経営者による利用者の人格の侵害や搾取が、はたして市場原理の導入による競争の拡大という状況のなかで排除されうるものかどうか、いささか疑問といわざるをえないであろう。

（五）　市場原理から脱落する社会的弱者

われわれが市場原理主導の福祉改革に直ちに同意しえないいま一つの理由は、一部の分権主義者や市場原理主義者たちにみられるような分権主義と市場原理導入の不用意な同一視あるいは混同である。分権主義と市場原理主義とは本来的に異なった文脈に属している。こと改めて指摘するまでもないことであろう。しかしながら、すでに言及しておいたように、九〇年代なかば以降、分権化や規制緩和の推進は市場原理の導入と同義語として扱われる傾向が強まりつつある。一部の分権主義者の言説はいまや市場原理至上主義の響きを帯びるようになってきている。そのことに一抹の懸念を覚えるのはわれわれだけであろうか。

われわれの社会は、イギリスやアメリカの社会と比較して極めて中央集権的であり、政府による規制が日常生活の隅々にまで及んでいるといわれる。しばしば、これらの国々は、分権化と規制緩和を断行し、市場原理を前提に自己責任による豊かな生活を実現しているとして高く評価されている。しかし、その反面、これらの国々においては低賃金、失業、貧困に苦しむ人びとが著しく増加してきているといわれる。まさに市場原理の光と影ともいうべき事態が日常的に展開しているのである。

こんにち、われわれの社会においては、一向に景気回復の兆しがみえないなかで、低賃金、失業、貧困、犯罪などの社会問題が確実に増加しつつある。しかも、市場原理を機軸とする分権化や規制緩和の推進は、これらの問題を緩和の方向に導くどころか部分的にはむしろ一層悪化させつつある。しかも、それは単なる一時的な現象ではない。そうした状況のなかで、社会福祉の領域において古典的な自由放任主義時代さながらの自己増殖と競争を至上の行動原理とする至上の効用が唱導されている。このような状況のなかで社会福祉の市場原理による改革が一面的に推進されるとすれば、市場弱者たちはいかにしてその生命と生活を維持しうるのであろうか。

社会福祉の領域においても「政府の失敗」は克服されなければならない。そのことは言を俟たない。しかし、その改革はあくまでも社会的弱者、市場弱者にたいする配慮、その利益の擁護を起点として実施されなければならない。わが国の社会福祉は、二〇世紀後半の五十余年間を通じて、徐々に選別主義的社会福祉を克服し、普遍主義的社会福祉に移行してきたといってよいであろう。そうだとすれば、これを継承する二一世紀の課題は、社会的弱者階層にきめこまかく配慮した、社会福祉の普遍的一般的な享受者である一般階層のニーズと社会的弱者階層のニーズを同時的かつ公平に充足しうるような新たな社会福祉供給システムの構築に努めることでなければならない。

三　社会福祉の分節化と多元化

ここまでの議論を前提にしながら、社会福祉二一世紀の課題についてさらに議論を重ねておきたい。一般階層と社会的弱者層の利益を同時的に追求するという観点をとるとき、二一世紀において重視され、実現されるべき制度改革の課題として、われわれはここで、社会福祉の分節化と多元化という問題を取りあげておきたい。

（一）　社会福祉における分節化の意味

まず、社会福祉の分節化である。分節化という概念はシビルミニマム概念の提唱者として知られる政治学者松下圭一からの援用である。松下によれば、伝統的に政治や行政は国政府の思想や行動を意味するものとして取り扱われてきたが、これからの政治や行政のなかでは国政府の役割や機能のある部分は国際政府機関に、別の部分は自治体（都道府県・市町村）政府に委譲されていき、その役割や機能は縮小すると考えられる。簡略にいえば、国政府の役割や機能の一部が一方においては国際政府機関に、他方においては自治体政府に委譲されていくこと、これが松下のいう分節化の意味である。(2)このような松下の議論は社会福祉の領域においても十分に援用可能である。

すなわち、すでに再三にわたって議論を試みてきたように、戦後五十余年、わが国の社会福祉は国政府を機軸として展開してきた。しかし、八〇年代以来、わが国の社会と社会福祉においては、一方におけるグローバリゼーション(国際化＝地球社会化)と他方におけるコミュナリゼーション(地域化＝自治体化)が同時的に進行しつつある。こうした状況のなかで、二一世紀の社会福祉においては、国政府の役割と機能が相対的に縮小し、その分国際政府機関と自治体政府の役割と機能が一層拡大することになろう。

(二) 社会福祉における国際政府機関の機能

社会福祉の領域においても国際政府機関の存在は重要な意義をもっている。戦後五十余年間を通じて、わが国の社会福祉は、その発展を国際連合、国際保健機関、国際労働機関、ユニセフなど数多くの国際政府機関とその活動に少なからずバックアップされてきた。そのことは、国際連合による世界人権宣言、障害者権利宣言、児童権利条約、国際児童年、国際障害者年、国際老齢年の設定、国際保健機関による障害概念の提唱、国際労働機関による労働政策や社会保障に関する各種条約の批准が、わが国の社会福祉の水準を向上させるうえで重要な影響をもった事実を思い起こせば十分に理解されうるであろう。

国際政府機関の役割と影響力がどのようなものであるかについては、たとえば国際障害者年以降のわが国における障害者施策の展開を考えてみたい。わが国は、国際政府機関の影響力を利用することによって、障害者施策を一挙に進展させることができた。実際、国際連合による国際障害者年の設定がなければ、恐らく障害者施策のこんにちはありえなかったであろう。そして、その間、わが国の政府は、そうでなければ必要とされたはずの努力と労力の一定の部分を他の政策課題のために振り向けることができた。その意味では、国際政府機関としての国際連合は、国際障害者年を設定することを通じて、本来わが国の政府が果たすべき役割や機能の一定の部分を代行し、推進したのである。

二一世紀において、グローバリゼーションの進行とそれにともなう社会福祉の課題は一層拡大し、多様化するものと予測される。たとえば、対外的には、社会福祉にかかわる国際政府機関への積極的な参加や貧困や疾病などにかかわる二国間援助の必要性は一層拡大するものと考えられる。他方、国内的には、外国籍の長期滞在者や期限外滞在者の福祉ニーズへの対応や異文化適応問題への援助の必要性が指摘されている。二一世紀へ向けてわが国が取り組むべき国際的な課題は決して少なくないのである。

(三) 社会福祉における分権化と規制緩和

さて、分節化のもう一つの側面はコミュナリゼーション、すなわち国政府から地方政府への役割や機能の委譲、すなわち分権化である。社会福祉における分権化は、周知のように、具体的には八〇年代なかばの国庫補助金の削減、そしてそのことと表裏の関係にある機関委任事務の団体委任事務への移行としてはじまった。その後、この分権化の流れは九〇年の高齢者福祉と身体障害者福祉にかかわる措置権の福祉事務所を設置していない町村への委譲、それまで自治体の主導する事業として発展してきた在宅福祉サービスの法制化、自治体による高齢者保健福祉計画策定の義務づけその他の措置によって一層拍車がかけられることになった。

このような社会福祉における分権化の推進は、時間的にも内容的にも他の行政分野に先行するものであった。しかし、すでに言及してきたように、一部の分権論者たちの評価は、社会福祉における分権化は形式的、みせかけのうえでの分権化であるにすぎないという。彼らによれば、国政府は、かたちのうえでは率先して分権化に取り組むようにみせながら、その実、措置基準のガイドライン化や在宅福祉サービスの法制化などを梃子にしながら逆に新たな装いをもつ中央集権主義、すなわち新中央集権主義をうみだしてきたにすぎないという。新中央集権主義ということばをもちいるかどうかは別にして、省庁の官僚組織や政治的圧力団体の抵抗によって、分権化の停滞は明らかである。

しかしながら、こんにち、新中央集権主義を批判する分権論者の言説を含めて、福祉改革をめぐる議論の焦点は明らかに分権化から市場原理による規制緩和の問題にシフトしてきている。いまや、議論の焦点が分権化の問題から社会福祉の供給システムにたいする市場原理の導入、より具体的にいえば営利追求を基本的なインセンティブとする営利事業者を供給システムに参入させ、いかにしてサービスの量の拡大と質の向上をはかるかという問題にシフトしてきているといってよい。しかも、そこでは、意識的にか無意識的にか、規制緩和の問題と営利事業の導入によるサービスの質の向上という問題とが直接的な対応関係にあるものとして論じられ、議論の内容も社会福祉法人や社会福祉施設の経営の合理化や効率化の問題にしぼられてきている。

たしかに、規制緩和は、政府による権限の行使を制限し、あるいは縮小分散化させるという効果があり、広い意味では分権化の一翼に位置するものといってよいであろう。しかし、営利事業者による参入の容認と競争原理の効用を中心に展開される議論のなかで、分権化問題の本来的な課題である、国政府と自治体政府（都道府県・市町村）というレベルを異にする政府間における、あるいはそれぞれの政府の内部における政策策定や援助提供にかかわる意思決定の権限や財源の再分配にかかわるような諸問題にたいする関心はいささか影を薄めつつあるようにみうけられる。

（四）　分権化の一層の推進

しかし、いわゆる新中央集権主義の問題にかぎらず、社会福祉における分権化についてはなお多くの課題が残されている。しかも、それらは競争原理の導入によって一挙に解決がつくというものではない。分権化は、本来競争原理あるいは市場原理導入の問題とは別に、それ自体として推進されなければならないものである。われわれは社会福祉における分権化に、基礎自治体（市町村）を中心とする社会福祉の運営、われわれのことばでいえば自治型社会福祉を可能にするような諸条件の実現を期待したい。そのためには、社会福祉に関する権限と財源の自治体政府（市町村）にたいする委譲が不可欠の要件となる。

また、分権化は政府間のみならず政府の内部においても必要である。なかでも、社会福祉の効果的効率的な運営を可能にするためには、自治体政府のストリート官僚——社会福祉運営の第一線に立つ現業職員——にたいして一定範囲の専決権限を付与することが求められる。同様の改革の必要性は、公立民間を問わず、利用者との対面関係において援助提供を行う機関や施設においても同様である。社会福祉の利用者にとっての最初の障壁は、窓口の複雑多様さとそれにともなう無責任なたらい回し、事務手続きの煩雑さである。社会福祉における分権化は、最終的には、このような社会福祉の提供者と利用者とが直接的に接触する場面に及ぶものでなければならない。

（五）資源配分方式の多元化

次に社会福祉の多元化の問題を取りあげる。

一般に、わが国における社会福祉の多元化は一九八〇年の武蔵野市福祉公社の設立にはじまるとされる。これを嚆矢に、その後年々当事者組織、互助組織、さらには生活協同組合や農業協同組合、営利事業者が社会福祉に参入するようになり、こんにちでは非営利、営利を含めて多種多様な組織がさまざまな形態をとりながら社会福祉の一翼をになっている。

さて、社会福祉の多元化について論じるにはそこに二通りのレベルを区別しておくことが重要である。多元化は、まず社会福祉にかかわる社会資源の配分というレベルで論じることが可能である。次に、それはより直接的具体的な援助提供のレベルにおいて論じることができる。

社会資源配分のレベルにおける多元化論は、社会総体が社会福祉のために動員することのできる資源をどのようなチャンネルを通じて配分するかという問題にかかわっている。この意味での多元化論として著名なのは、たとえば、イギリスでいえばハドレイとハッチ（Hadley, R. & Hatch, S.）の所説であり、わが国でいえば丸尾直美の所説である。ハドレイとハッチは、資源分配のチャンネルとして、①政府（法定）セクター、②インフォーマルセクター、③ボランタリーセクター、④市場（商業）セクターの四つのセクターを設定している。(3) これにたいして、丸尾は、①公的福祉供給システム、②市場システム、③インフォーマルシステムの三つの類型を設定している。(4) 両者にはことばを含めて若干の違いがあり、また前者のいうインフォーマルセクター、ボランタリーセクターは後者ではインフォーマルシステムに統合されている。

これらの多元化論はいずれも、第二次世界大戦後の福祉国家体制のなかで社会福祉の供給が政府によって独占されてきたこと、およびそれが十分な成果をあげえなかったこと――すなわち「政府の失敗」ないし「国家の失敗」を批判し、それらの問題の解決は社会福祉の供給にたいする市場セクターの参入を認め、インフォーマルセクターやボランタリーセクターの役割を再評価し、政府セクターがになってきた役割や機能を他のセクターに分散させることによって可能になるという。そこには、福祉国家体制の影の部分にたいする的確な批判が含まれている。しかし、同時に、多元化の効用を説く議論にはいくつかの難点が含まれている。

第一に、国家による社会福祉供給の独占状態は、政府による他部門の意図的積極的な排除行動によって形成されたというものではない。それはまず、一九世紀後半以降の資本主義経済の発展にともないインフォーマルセクターやボランタリーセクターによっては対処しえないような大規模な「市場の失敗」が出現し、インフォーマルセクターやボランタリーセクターが供給のアリーナから退場を余儀なくされたことの結果であった。市場セクターについていえば、当時も社会福祉に関心を示す営利事業者が存在しなかったわけではない。しかし、その数はかぎられ、活動の内容も資金の提供が中心であった。直接的な援助提供に参入する営利事業者は存在しなかった。国家（政府）による社会福祉の独占は結果として成立したのであり、それが積極的に追求されてきたというわけではない。

こんにちでは事情が異なり、福祉集権主義の狭隘性や硬直性、さらには権限集中の弊害が指摘されるようになり、営利事業者の直接的参入にたいする関心も拡大してきている。近年におけるインフォーマルセクター、ボランタリーセクター、市場セクターの拡大はその結果であろう。しかし、インフォーマルセクターやボランタリーセクターの活動が増加し、さらに市場セクターの直接参入が拡大したとしても、組織の規模や資金力、また動員しうる知識や技術にはおのずと限界があり、広範囲な地域にかかわる問題や深刻な危機的状況にたいする対応は政府セクターに頼らざるをえないであろう。

第二に、インフォーマルセクター、ボランタリーセクター、市場セクターの役割を重視する議論においてはある種の予定調和が仮定されている。あたかも市場経済が需要者と供給者の自由な選択と競争による予定調和の仮定を前提にしているように、多元化論、なかでも福祉ミックス論のなかには、社会福祉の供給は四つないし三つのセクターの自由な参入と相互の競争が保証されればそのことによってすべての福祉ニーズが効果的効率的に充足されうるという仮定が含まれている。しかし、それぞれのセクターの行動原理はまったく異なっている。政府セクターは社会の統合を、インフォーマルセクターは親密圏における互助を、ボランタリーセクターはミッション（社会的使命の追求）をそれぞれ行動原理とし、市場セクターは利益の増殖をその行動原理としている。当然、それぞれのセクターの活動は、その依拠する行動原理の及ぶ範囲に限定されることにならざるをえない。依拠する行動原理と相いれないような資源配分には関与しないであろう。そうであれば、多様なセクターの参入とセクター間の自由な競争が保証されたとしても資源配分における予定調和はそもそも成り立ちえないのである。それを必要としている人びとのおかれた状況からすれば、社会福祉にかかわる資源の配分には「見えざる神の手」に代わる調整者が介在しなければならない。

第三に、これに関連させていえば、各セクターがどこまで責任をもって社会資源の配分に関与するかという問題が存在する。たとえば、市場セクターが資源配分に関与するとしてもそれはおのずと利益増殖というその行動原理の及ぶ範囲に限定されよう。もし市場セクターが利益増殖を期待しえなくなった事業から撤退したとしても、それはそれで容認されざるをえない。そうでなければ、原理的にみて市場セクターによる自由な事業活動は成り立ちえないからである。もし撤退が容認されえないとすれば、市場セクターにはその本来的な行動原理とは異なる別の原理が求められることになる。たとえば、社会福祉にかかわる資源配分の担い手としてのミッション（社会的使命追求動機）の摂取による利益増殖動機の中和である。そうでなければ市場セクターによるサービスを利用していた社会的弱者層は路頭に迷うことになりかねないからである。インフォーマルセクター、ボランタリーセクターについても資源配分事業からの撤退は当然ありうることである。これにたいして、政府セクターには撤退の自由が容認されうる余地は存在しない。ここにおいても、もっとも適用範囲の広い行動原理をもつ資源配分のチャンネルとして最終的に期待されるのは政府セクターということになる。

結局のところ、資源配分方式を多元化することの意義は、政府セクターのほかにいくつかのオルタナティブを準備し、部分的な競争状態をうみだすことによって政府セクター中心の資源配分の多様化と効率化をはかり、サービスの量的拡大と質的向上を期待するというところに帰結するといってよい。インフォーマルセクター、ボランタリーセクター、市場セクターによる活動に期待しえない領域における資源配分、各セクター間の調整、各セクターによる資源配分の質的水準の維持など、最終的な資源配分にたいする責任は政府セクターに期待せざるをえないのである。

こうして二一世紀の社会福祉にとっても政府セクターの責任は重い。公的責任原則は二〇世紀社会福祉の到達点である。今後、その内容やありかたは時間の推移と社会の変動に応じて柔軟に変容されていくべきものであるとしても、政府は市民生活にたいして基本的な、そして最終的な責任を負うという理念、換言すれば政府は市民にたいして生活権保障の責任を負うという二〇世紀社会福祉の理念は二一世紀に明確に継承されていかなければならない。

（六）援助提供組織の多元化

さきに一九八〇年の武蔵野市福祉公社の設立が社会福祉における多元化の嚆矢であるといったが、その場合にいう多元化は援助の提供組織における多元化であった。福祉公社の性格は行政と民間（援助の利用希望者と提供希望者）が出資する第三セクターであり、行政で対応しにくい一般階層の福祉ニーズの充足をはかる方式として注目された。その後、第三セクター方式とは別に、いわば純粋に民間的な性格をもつ互助組織、当事者組織、近隣組織、生活協同組合、農業協同組合などが社会福祉の援助提供に参入することによってその多元化の幅は一層拡大することになる。さらに、有料老人ホームやベビーホテルにはじまる営利事業者による参入も拡大し続けている。そうしたなかで、特別養護老人ホームや保育所の営利事業者による経営の容認が、わが国における規制緩和政策の進展を示す象徴的な領域の一つとしてその実現が期待されている。

さて、市場セクターを除く民間セクターによる援助提供には、①一般階層の福祉ニーズに対応することが可能なこと、②利用者による自由な選択が可能なこと、③契約という利用方式をとるため行政措置にともないがらなスティグマのおそれがないこと、④利用者にコスト意識がうまれること、⑤利用者と提供者との連帯が期待できること、⑥提供者に社会参加意識の醸成が期待できること、⑦公的セクターにたいするカウンターパワーとしてのチェック機能が期待できることなど、多くの長所を期待することができる。しかし、その反面において、①利用が原則として会員に限定されること、②資金・設備・知識技術に限界があること、③組織運営の長期的な安定性に不安があること、④援助の利用や結果に自己責任が強く求められることなど、短所も多い。

こんにち、このように長所短所をあわせもつ民間セクターが拡大を続けている背景には、①福祉ニーズが公的（法定）セクターの対応能力を超えて、あるいは公的セクターで対応すべき範囲を超えて拡大していること、②利用者の一部に公的セクターを敬遠する意識があること、③市民のなかに社会参加意識が拡大していることなど、の諸要因が存在するとみられるが、さきのような民間セクターの長所に鑑み、提供組織の多元化傾向それ自体は大いに歓迎すべきであろう。しかし、提供組織の多元化には次のような今後取り組むべき課題も残されている。

第一に、民間セクターは資金、設備、知識技術などを強化し、提供組織としての安定性と専門性を高めることが必要であろう。また、一般市民の立場をとれば会員制による運営には限界があり、提供組織への接近性や開放性を高める工夫が必要であろう。さらに、組織としての社会性を高めるということを含めて、ＮＰＯ法による法人資格の取得や全国的な連絡調整システムの構築が期待されるところである。

第二に、民間セクターとしての自主性や主体性を高める努力が一層必要であろう。第三セクター方式の場合はいうに及ばず、それ以外の民間セクターの場合にも行政にたいする依存性が強い。しかも、この傾向は、行政による民間セクターへの事業委託が行われるようになったことによって一層強まったように思われる。行政の側も公設公営方式よりも安上がりであるという財政的理由から民間セクターに安易に依存する傾向があり、結果的に民間セクターは公的セクターの下請け機関的な状況におかれはじめている。これでは多元化の効用は無に等しいであろう。

民間セクター、なかでも互助組織や当事者組織の場合、資金や設備という側面では思うに任せないところがあり、行政に資金的援助を期待する事情は理解できないわけではない。しかし、民間セクターの意義は公的セクターでは対応し難い領域での活動や公的セクターのカウンターパワーとしての活動にあるのであり、可能な限り主体性・自立性を確立する努力が求められる。他方、行政の側も、民間セクターに行政的に対処し難い領域での対応を期待するということであれば、資金援助を行ってもその使途や活動のありようについては説明責任は求めても内容的には介入しないという自己抑制的な姿勢が必要となる。行政も民間セクターもともに、民間セクターが社会福祉法人の轍を踏むようなことにならないような自己抑制が必要であろう。

第三に、提供組織の多元化が進んだとしても、それだけで利用者にとって好ましい状況がうみだされるわけではない。二一世紀の社会福祉の運営は、市町村が基礎的な単位となり、多様な提供組織が多元的に援助の提供にあたるということになろう。しかし、市町村のなかに複数の、多様な性格をもつ提供組織が存在しているとしても、それだけで必要とされる援助の提供が保障されるというわけではない。予定調和的に援助提供の最適化が実現するというわけではないからである。それぞれの提供組織は利用者として想定している集団も、行動原理も異なっている。しかし、それぞれが独自に活動するということになれば利用者の重複や遺漏は避けられないであろう。多元化した提供組織が相互に自主的、自律的であることは当然のことであるが、社会資源の配分ということからいえば援助提供における公平性や効率性の確保は不可欠の要件である。そのための責任を果たしうるのは市町村（自治体政府）を措いてほかにはありえない。

すなわち、供給組織多元化時代の市町村（自治体政府）の役割は、民間セクターに期待しえない援助の供給組織としての責任を負うことに加え、民間セクターにたいする支援と公的セクターと民間セクター間の、また民間セクター相互間の、連絡調整を進め、連携をはかる責任を負わなければならない。そして、市町村がこのような責任を全うするためには、民間セクターの自主性、自律性を尊重しながら、干渉や介入をともなうことのない支援、連絡調整、連携の推進をはかるという公的責任システムの新しい考え方、あり方を確立する必要がある。その場合、支援・連絡調整・連携にかかわる意思決定過程の分権化と民間セクターや一般市民による参加や参画が求められることはいうまでもないであろう。

四　利用者民主主義の確立

社会福祉の歴史を繙《ひもと》いてみれば、洋の東西を問わず、それは利用者（被援助者）にたいする過酷な労働の強制や施設への強制的収容という懲罰的な対応からはじまっている。このような利用者にたいする対応は二〇世紀を通じて大幅に改善され、理念的には社会福祉の利用を市民の生活権とその国家による保障のシステムとして位置づける制度的な枠組みが構築されてきた。しかし、社会福祉の現実は必ずしも利用者の市民としての諸権利を十分に保障するものとはなっていない。社会福祉を利用者の市民としての権利という観点からとらえなおし、利用者民主主義を確立することは二一世紀に託された最大の課題というべきであろう。

利用者民主主義にかかわって九〇年代に議論されはじめたことの一つに、利用者によるサービスの選択利用の権利、すなわち利用者選択権の問題がある。周知のように、この問題は九七年の児童福祉法改正、介護保険法の制定をめぐる議論のなかで中心的な論点となった。

この利用者選択権の議論は、医療の領域における「インフォームドコンセント」さらには「インフォームドチョイス」の理念に触発され、深められてきたという経緯がある。「インフォームドコンセント」は「説明をうけたうえでの同意」、「インフォームドチョイス」は「説明をうけたうえでの選択」を意味している。医療の領域では、従来、医療は専門的権威をもつ医者と医療を施される弱者としての患者という垂直的な関係を前提として行われ、治療の方法についても予後についても患者は何ら情報を与えられず、つねに受け身の立場におかれてきた。「インフォームドコンセント」は、そのような状況を改善するべく提起された理念であり、医療の前提として病気の種類や治療法、予後について患者に十分説明し、その同意のもとに治療を行うという思想である。これにたいして「インフォームドチョイス」の理念は、それをさらに発展させ、患者に複数の治療法を提示し、患者の選択した治療法にもとづいて治療を行うという思想である。

この議論を社会福祉に援用し、複数の福祉サービスや施設が存在する場合には利用者の自由な意思によっていずれか一つを選択することを認め、かつその選択を利用者にとっての権利として承認すべきであるという議論がなされるとき、そこに利用者選択権という概念が成立する。このような利用者選択権という概念は、わが国の社会福祉が伝統的に社会福祉の利用を「法による措置にもとづく反射的利益」として位置づけ、利用者を消極的に利益の享受者としてのみとらえてきたことに照らしていえば、画期的な思想であるといえよう。その意味では、一九九七（平成九）年の児童福祉法の改正や介護保険法の制定がいずれもこの利用者選択権の承認を前提としていることは特筆に値することである。改正児童福祉法も介護保険法もいずれも多くの論点を残しているものの、利用者選択権の承認は二一世紀の社会福祉のあり方を考えるとき、転換期を象徴する改革になったといって過言ではない。

さて、いわれるところの利用者選択権は福祉サービスや施設を選択する権利という意味にとどまるものではない。利用者選択権は、広くいえば、市民生活の基底にある市民法の原則、多少とも具体的にいえば、契約自由の原則を社会福祉の利用という局面に適用したところに成立した概念である。したがって、利用者選択権を承認するということは、利用者の自由意思による福祉サービスや施設の選択を尊重する、すなわち福祉サービスや施設の選択にかかわる利用者の自己決定権を尊重するということを意味している。おのずと、そこには、福祉サービスや施設の選択について判断の誤りや過失があった場合には、その結果については利用者自身が責任を負うという自己責任の問題が発生することにならざるをえない。すなわち、自己決定と自己責任は表裏の関係にあり、社会福祉における利用者選択権を論じるにあたっては、利用者の自己決定能力の問題ともかかわり、そのことを十分に認識しておく必要がある。

もとより、ここでいう自己決定と自己責任の原則は契約のみならず広く市民生活の全般について適用される。これがいわゆる生活自己責任（自助）の原則である。社会福祉の利用には費用の負担がともなわざるをえない。費用負担の拡大もまた八〇年代福祉改革以来の課題であった。児童福祉法の改正にみられるように、利用選択権の承認と費用負担の問題とは表裏の関係におかれている。介護保険法もまた、一方において利用選択権を認め、他方において拠出と一部自己負担をともなう保険方式を導入した。社会福祉の領域においてより明確なかたちで自己責任原則が再確認されたのである。

総じていえば、一九世紀が市民法の時代であったとすれば、二〇世紀は社会法の時代であったといえよう。しかし、世紀転換期を迎えたいま、再び市民法の原理が舞台の前面に浮上してきている。こんにち、社会福祉の領域においてなおその実現が不十分な利用者の市民権的諸権利の確立が急がれることはもとよりであるが、二一世紀においては市民法体系と社会法体系とのより均衡ある発展がはかられなければならないであろう。

（二）　利用手続き過程における利用者の権利

社会福祉の利用手続きは、一般的にいえば、利用者の利用申請を契機にして開始される。しかし、従来、この申請行為は利用者の利用申請権を前提にするものではないと解されてきた。措置制度のもとでは、福祉サービスの利用は法による措置の反射的利益として可能となる。利用者は全く受け身の立場におかれることになる。そこで、利用者が自由に社会福祉を選択し、利用できるようにするには従来の措置制度を廃止し、契約利用方式に改めるべきであるとする議論がうまれてくる。この措置から契約利用方式へという議論は、まず保育サービスについて提起され、つぎに介護保険制度をめぐる議論に受け継がれてきた。

議論の結果は、保育制度については利用者にたいして利用を希望する保育所を指定したうえで利用の申請（申し込み）を行う権利を認め、保育サービスの実施機関にたいしては申請にたいする応諾義務を課すというかたちで決着が図られた。介護保険制度については社会保険方式を導入したことによって利用者と保険者の関係は契約関係として設定されることになった。

このような利用方式改革にたいしては賛否両論激しく争われた。周知のように、保育制度の改革については、一方には保育所と利用者の直接的契約という方式にならなかったことにたいする強い批判があり、他方に措置制度の改革それ自体に反対する議論が存在する。介護保険制度についても、一方には介護サービスにたいする保険制度の導入を評価し、社会福祉の全般に保険方式を適用すべきであるとする議論がみられ、他方には介護サービスにたいする社会保険方式の導入そのものを批判する見解が存在する。

さて、われわれは、保育サービスの利用方式をめぐる改革については、その方向と内容は概ね妥当であったと考えている。保育制度改革においては、一方では利用者にたいして保育所の選択をともなう申請を行わせることによって利用者の選択と申請の権利を認め、他方では実施機関である市町村に応諾義務を課し、あわせて保育サービスの利用を勧奨する義務を課すというかたちで保育サービスの提供に関する市町村（最終的には国）の責任を明示する保育サービスの新たな利用の方式が導入された。これによって、措置権者が一方向的な措置とよばれる行政行為（行政処分）によって保育サービスの利用を認めるという措置権者と利用者との権力的関係は、保育の実施機関（かつての措置機関）と利用者のあいだに締結される行政契約として新たに位置づけられることになった。これは、利用するサービスや施設の選択に関する自己決定権や申請権の保障を求めながらも現実には差しせまった状況のなかで保育所入所の措置を求めざるをえないという、これまで利用者のおかれてきた状況からいえば、十分意義のある改革であったといえよう。ただし、保育サービスの利用資格そのものが認められなかった場合や選択した施設の利用が認められなかった場合にもその理由の開示は行われず、また再審査の道も用意されていない。実施機関の決定に不満な場合には利用者は直接行政訴訟に訴えるほかはないのである。利用者権の保障という意味では不十分といわざるをえないであろう。

これにたいして、介護保険の場合については、あらかじめ介護保険に加入し、一定期間の拠出を行い、要介護性の認定がなされていることを前提に、利用者は介護サービス提供機関とのあいだに自由に利用契約を結ぶことができる。また、要介護性の認定については再審査の制度も導入されている。ただし、この場合、介護保険の主体（保険者）としての市町村と利用者との関係は、保育サービスの場合とは異なり行政契約というよりは私法上の契約に近い。他方、公的介護サービスの実施主体としての市町村と利用者との関係は必ずしも明確ではない。

このように、介護保険制度は、一部に論点を残しながらも、伝統的な措置制度にもとづく介護サービスに比較し、格段に利用者の介護サービス申請権や施設選択権を尊重することになっている。その点は高く評価してしかるべきである。ただし、逆に介護保険制度では利用者は要介護性の認定が行われていても、介護サービス提供機関との契約は基本的には利用者の自己責任において行わなければならない。契約の失敗や適切でない契約についての最終的な責任は自己自身で負わなければならなくなった。また、介護保険制度の非加入者や保険制度からの離脱者、脱落者は、介護保険制度それ自体によっては救済の余地は残されていない。別の制度、すなわち公的扶助（生活保護）制度としての介護扶助と措置による介護サービスの提供に依存するほかはないであろう。結果として、本来的に同一のカテゴリーに属するはずの介護サービス利用者たちは、その利用する制度の違いに応じて介護保険範疇と公的扶助＝措置制度範疇に二分されてしまうことになる。これでは選別主義から離脱し普遍主義の実現を求めてきた社会福祉近代化の歴史に逆行することになりかねないであろう。

いずれにせよ、保育制度改革と介護保険制度導入はともに、旧来の措置制度にたいする改革として評価すべき点と不十分な点の両面を含んでいる。今後の課題としては、保育制度の場合には、認定理由の開示や再審査制度の導入を手始めに、手続き過程にたいする利用者の直接的な参加、申請と審査から交渉（ネゴシエーション）への転換やその後の利用過程におけるサービスや施設の再選択権の実質的保障が必要であろう。また、介護保険についても、同様に、手続き過程における申請と審査から交渉への転換やサービスや施設の再選択権の実質的保障が必要であろう。そして、何よりも重要なことは、財源確保の手段としての社会保険の導入は避けられないとしても、介護サービスの供給システムにおいては社会的にみてもっとも弱い立場にある人びと、自己責任原則になじみえない人びとの権利保障を中核に位置づけるような制度のありかたが求められる。社会的弱者はスタンダードからの逸脱者・離脱者として位置づけられるべきではない。社会的弱者をスタンダードに、そこに一般階層を包括するようなシステムのありかたを追求する点をもつことこそが、二一世紀の社会福祉に期待される基本的なスタンスであろう。

（二）　情報開示・サービス評価システム

保育制度の改革や介護保険制度の導入によって実現された利用者による選択と申請という利用の方式は、利用者の市民としての権利を尊重し、確立する方向として、おそらく将来的には社会福祉のほかの領域にも浸透していくことになろう。他方、八〇年代以来利用者の権利を擁護する、あるいは保障するいま一つの方法としてオンブズマン制度や成年後見制度などの人権擁護制度の設置を求める社会運動が展開され、近年各地の自治体で各種の制度が創設され、あるいは創設が計画されている。このような改革の方向は、今後とも一層追求されなければならないが、その前提になるのが情報の開示とサービスの評価という課題である。情報がなければ選択はできないし、その情報のなかには利用者の対象となるサービスや施設についての客観的な評価が含まれていなければならない。

社会福祉にかかわる情報は、政策情報、制度情報、利用者情報に大別される。ここで、①政策情報というのは、政策の企画・立案・策定、さらにはその運用の過程において収集され活用される情報である。それは、ⓐニーズ情報、ⓑ運営情報、ⓒ援助情報、ⓓ要員情報、ⓔ財源情報、ⓕ社会資源情報、そしてⓖ審議情報などに区分される。②制度情報というのは、ⓐサービスの種類・内容・実施機関・実施手続きなどに関する情報、ⓑサービス提供機関・施設・団体などの所在・事業内容・アクセスの方法などに関する情報である。③利用者情報というのは、利用者のⓐニーズの種類と程度、ⓑ年齢、ⓒ性別、ⓓ職業、ⓔ所得、ⓕ家族構成、ⓖ生活歴、ⓗ福祉サービス利用の履歴、ⓘ関連サービス利用の履歴などにかかわる情報である。もとより、これらの情報は、情報を活用しようとする側の目的や立場によってそのもつ意味が異なってくる。利用者の選択や申請の権利というここでの関心からいえば、さしあたり重要なのは制度情報、なかでもサービスの提供機関にかかわる情報である。

制度情報のうちでも、ⓐサービスの種類・内容・実施機関・実施手続きなどに関する情報、ⓑサービス提供機関（相談機関・施設・団体など）の所在・事業内容・アクセス方法などに関する情報はこれまでにもかなり行き渡っている。実際に利用者が個々のサービスをどの程度利用しているのか、それが実際的に利用可能な状態にあるかどうかは別にして、社会福祉の実施に責任を負う自治体はいずれも広報誌その他の手段によって情報の提供に努めている。しかし、サービスの提供機関にかかわる情報は利用者にたいしてこれまでほとんど提供されてこなかった。措置制度のもとではその必要性がほとんどなかったからである。だが、利用者に選択と申請を求めるということになれば、情報の開示が不可欠とならざるをえない。

しかし、保育制度の改正や介護保険制度の導入という状況の変化にたいして、提供機関の姿勢は必ずしも積極的なものではない。これまでにも、提供機関は監督官庁による監査をうけいれるというかたちで一定の情報を開示（提供）してきたといってよいが、利用者にたいする情報の開示ということになると事柄は容易ではないようである。提供機関の側には利用者にたいしてどのような情報をどの程度まで開示すればよいのかという疑問と同時に、利用者による選択という手続きの必要性や妥当性についての疑問、それにかかわる情報の開示の必要性やその意義にたいする疑問も存在するようである。

しかし、仮にそのような疑問に考慮の余地が認められるにしても、アカウンタビリティ（説明責任性）という観点からいえば、提供機関にとって情報の開示は避けて通れない課題である。さきに言及したように、これまでにもサービス提供機関は監査をうけいれるというかたちで監督官庁にたいして、そして間接的には予算決算の審議決定権をもつ自治体議会にたいして説明責任を果たしてきたといえる。しかし、サービス提供機関はそれが委託費や助成金、寄付その他の社会的費用によって運営されているかぎり、納税者を含む一般市民にたいしても、また利用者にたいしても、同様に説明責任を負わなければならない。それは、社会的費用にもとづいて社会的な活動にかかわっている機関として求められる義務であるといえよう。提供機関による情報の開示については、利用者による選択の利便、説明責任という両面から、開示されるべき情報の種類や程度について早急につめた議論がなされなければならない。

提供機関にかかわってもう一つの課題が存在する。それは、サービス内容の評価ということである。利用者に提供機関の選択を認めることのもう一つのねらいは、利用者による選択の多寡をインセンティブにして提供機関の提供するサービスの質の向上を図るということにある。たしかに、利用者の選択の結果が明かになればそこに競争原理が作用して、つまりより多くの利用者の獲得を目指して提供機関がサービスの質的向上を図るということは十分考えられることである。しかし、福祉サービスの利用者は市場における一般の消費者とは異なり、提供されているサービスに関する情報のいかんによって一時的に選択を先送りしたり、利用を断念したりするというわけにはいかない。いま、直ぐに、福祉サービスの利用が必要な人びとが大部分である。そうであれば、利用者にとっての選択の余地、自由度はそれほど広いとはいえない。結果的には、利用者の選択が提供機関にとってのインセンティブに転化する可能性はそれほど高くはないということになろう。

むしろ、監督官庁による業務審査の結果を開示すること、あるいはサービス内容の第三者機関による評価を行い、内容を開示するとともに、その結果を委託費や介護報酬費の支払いに反映させる方法を追求する方がより効果的かつ効率的であろう。第三者機関による評価を実施するにあたって、評価委員会に利用者の代表を加えることも考慮に値することである。

実際問題として考えれば、利用者個々に提供機関ごとのサービスの質の違いを考慮したうえでの選択を求めてもさして多くのことは期待できないであろう。利用者による選択といっても、医療機関の場合も同様であるが、結局は専門的な判断というより風聞による選択にならざるをえないからである。もとより、風聞による選択にもそれなりの効用は認めなければならない。しかし、基本的には、提供機関と利用者のニーズのミスマッチを回避するには、専門的な第三者機関による評価とその結果を開示することを前提に、利用者によるサービスの利用過程を的確に支援するためのシステムと利用をめぐる需給調整技術を確立することが不可欠の要件となろう。

(四) 利用者の権利擁護システム

最後に、利用者の権利擁護の考えかたとシステムについて取りあげる。さきにも言及したように八〇年代このかた幾つかの地域でオンブズマン制度、知的障害者の権利擁護制度が創設され、最近では成年後見法制定の必要性も議論されている。また、昨今では社会福祉の構造改革に関する議論においても「自己決定能力の低下した人びと」にたいする権利擁護に関する検討がなされている。

利用者の権利擁護ないし保障の制度が設けられ、利用者の利益が確保されようとしていることはもとより歓迎すべきことであるが、これと関連して、以下二点にわたって論点を提起しておきたい。第一点は、利用者とは誰かという問題である。第二点は、構造改革の前提となっている利用者像に関する問題である。

第一点の利用者とは誰かという問題はある意味で自明のことに属する。われわれも、ここまでそのことについては特に限定を与えず、利用者ということばを社会福祉を利用している人びと、さらには利用を希望している人びとや利用を必要としている人びとを総括的に指し示すことばとしてもちいてきた。しかし、利用者ということばには、実は①児童、高齢者、障害者などの福祉サービスの直接的な利用者と、②児童の保護者や高齢者・障害者を介護している人びとのように福祉サービスのいわば間接的な利用者とが含まれている。

たとえば、利用者による選択がなされるといっても、一般的にいえば、一定の年齢以下の児童は選択能力（権利能力）をもつとは認められず、選択は保護者が行うことになろう。高齢者や障害児についても、直接的利用者の自己決定能力が低位にある場合には、選択の当事者は介護者ということになろう。このようなグループの場合には、福祉サービス選択権の行使といっても、その選択が福祉サービスの直接的な利用者（当事者）にとっての利益になっているかどうかという視点を介在させなければ、選択利用方式についての最終的な評価は困難であろう。高齢者や障害者が選択の当事者になっている場合についても、それらの人びとの選択の能力（自己決定能力）によって真に必要かつ的確な選択が行われているかどうかを問題にする余地は十分に存在する。利用者の選択による競争を質的向上のインセンティブにするという一般的な期待とはかなり遠い状況というべきであろう。

いずれにせよ、選択（自己決定）利用方式を前提に利用者の権利を擁護するという場合、その擁護のありかたは誰が利用者なのか、その実態に即してシステムのありかたが問われなければならない。選択の当事者が保護者や介護者である場合には、その選択によって直接的利用者にとって最適かつ効果的なサービスや施設が提供されているかどうかについての第三者的機関によるチェックが不可欠の要因となろう。選択の当事者が直接的な利用者である場合には、選択の手続きや過程そのものに当事者による選択が最適かつ効果的なものになるよう専門的に支援するシステムを組み込むとともに、その結果をチェックする成年後見制度やオンブズマン制度などの第三者的な権利擁護のシステムを確立することが必要となる。

第二の論点は、第一の論点ともかかわるのであるが、契約利用方式の前提にある利用者像は、第一義的には選択と申請（自己決定）の能力を十分に備え、自己の自由意思と責任において契約の当事者になりうる人びととしてイメージされているということである。その前提のうえに、自己決定能力が低位な人びとについては、その状況に応じて成年後見制度などによる権利擁護の手立てを講じればよいという考えかたがとられているということである。たしかに、市民社会における契約の当事者は自己決定と自己責任において事柄を判断し、責任を負う市民である。しかし、この場合の市民は一般化され、抽象化された市民であり、市場における具体的な消費者のすべてがそのような市民像と重なり合うというわけではない。商品の供給者と比較して、商品に関する専門的知識も判断能力も低位な通常の市民（消費者）に自己決定（選択）の結果について全面的に責任を負わせるのは妥当ではない。そこに、消費者保護という施策が必要となってくる。

これにたいして福祉サービスの消費者は、当初から保護者や介護者の選択によってそれを利用する人びとであったり、当事者としての選択（自己決定）能力の低位な人びとである。契約方式による利用者権の確立を主張する言説は、選択（自己決定）能力のある人びとも低位な人びとも一様に、契約の当事者、すなわち自由な意思と自己決定能力をもつ契約の一方の主体として位置づけようとするものといってよい。しかし、そのような契約の主体は経済市場においては成り立ちえても、社会福祉の提供と利用の調整の場である「社会市場」においては十分に成り立ちえない。社会市場で考慮の基準となるのは、商品交換の主体として想定される普遍的一般的市民としての属性ではない。むしろ、そこでは生活を維持するうえで福祉サービスの利用を必要とする具体的かつ個別的な生活者としての市民個々の属性こそが考慮されなければならないのである。

重複を承知でいえば、契約利用方式の導入によって措置（行政処分）方式の欠陥や弊害とされるものを取り除き、利用者の権利を重視するという意図はそれなりに積極的に評価するにしても、そのとき前提にされるべきことは、福祉サービスについても介護サービスについても、直接的な利用の主体と契約の主体とは必ずしも一致せず、利用の主体は福祉サービスや施設の選択を保護者、介護者、後見人などに委ねざるをえない人びとである場合の方が多いという事実である。福祉サービスや介護サービスの供給＝利用システムは、利用すべきサービスや施設についてみずから選択し、申請する能力に乏しい人びとが第一義的な利用者であるという事実を前提として組み立てられ、運営されなければならないということである。

加えて、提供組織の多元化を促進し、営利事業者に受託事業や保険適用事業の範囲を超えて直接的総合的な福祉サービス提供主体としての参入を容認するということになれば、その場合には、利用者の人権擁護システムは最終的には利用者の生命や資産の公的な保全を含むものでなければならないであろう。営利事業者の設置する居住型施設を利用している利用者が、経営不振や倒産による事業の縮小、経営権の移転、破産に直面した場合、市場原理からいえばそのような事態への対応は利用者の自己責任に委ねるほかはないということになろう。しかし、現実の問題としては契約段階で資産を使い果たしている利用者や新たな契約先を求めることに失敗した利用者、引き取り能力のある家族や親族もいない利用者は、すぐにも路頭に迷うことになりかねない。実際、そうした事例には事欠かない。そうした場合、公的に対処するシステムが準備されていなければ、資産にも自己決定能力にも乏しい利用者は文字通り生死にかかわるような事態に直面させられることになる。措置方式を契約利用方式に改めるにあたっては、契約利用方式の利点や効用を追求すると同時に、他方においては最終的な受け皿となるような公共的な安全網の存在が不可欠の要件となろう。それがあってはじめて、利用者は契約方式に身を委ねることができるのである。

〔註〕

(1) 新藤宗幸は八〇年代以降の福祉改革は「分権的パラダイム」を導入するかにみえるが、その実戦後改革以来の「集権的パラダイム」に支配されているという。新藤宗幸『福祉行政と官僚制』岩波書店、一九九六年

(2) 松下圭一『政策型思考と政治』東京大学出版会、一九九一年、一一一三頁

(3) Hadley. R. & S. Hatch. *Social Welfare and the Failure of the State*, George Allen & Unwin. pp.87–101.

(4) 隅谷三喜男・丸尾直美編著『福祉サービスと財政』中央法規出版、一九八七年、二六頁

第八章　二一世紀社会福祉の展望

一　世紀転換期の社会福祉

（一）　社会福祉レジームの転型

二〇世紀の初頭、社会福祉はそれまでの抑制的な救済事業から徐々に離脱し、第二次世界大戦後には、先進資本主義諸国に福祉国家体制が構築される過程において、その重要な構成要素として社会的な地歩を確立するにいたった。だが、その地歩は永続的なものではありえなかった。やがて二〇世紀の末から世紀転換期にかけて福祉国家体制の見直しと再編成が進行する過程で、社会福祉はその存在の根幹にかかわるような改革と変容を経験することになった。

社会福祉は時代や社会によってさまざまな「かたち」をとる。社会福祉を構成している理念、政策、制度、援助、そしてそれらにかかわる知識や技術は時代や社会に応じて異なり、そこに一定の社会福祉のかたちが形成される。ここでそのような社会福祉のかたちを「社会福祉レジーム」とよぶことにしよう。そうすると、社会福祉は、「残余福祉型」「民間福祉型」「国家福祉型」「多元福祉型」という四通りのレジームモデルに整理することが可能である。

このモデルによって社会福祉の歴史を整理すれば、社会福祉は、残余福祉型から民間福祉型へ、そして国家福祉型へという生成発展の過程を経験してきた。社会福祉は、共同体の内部に先験的に組み込まれた相互扶助的、互恵的な活動と共同体と共同体の間に形成される浮浪、乞食、疾病などにたいする慈善的ないし慈恵的な援助活動を構成要素とする残余福祉型としてはじまった。しかし、そうした社会福祉は徐々に組織化されていき、民間組織による慈善・博愛の事業を先行させつつ、それを抑制的懲罰的な公的救貧制度によって補う民間福祉型に発展する。

その後、この民間依存的で抑制的な社会福祉は、一九世紀末から二〇世紀の初頭にかけて徐々に国が直接的に責任を負う施策に組織化される。さらに社会福祉は、戦間期における社会的生存権の承認、ニューディール政策による国家責任の確認、ベヴァリッジ報告によるナショナルミニマム保障の提起を契機に、国の政治機構によって策定され、行政組織を通じて展開される国家福祉型に全面的に転化する。そのような国家福祉型の社会福祉を重要な構成要素の一つとして含む国家体制の具体的なありよう、それがほかならぬ福祉国家である。

(二) 福祉国家の光と影

それでは、福祉国家とは何か。

福祉国家の概念を的確に規定する作業は決して容易なものではない。簡略にいえば、福祉国家は、先進資本主義諸国を舞台に、民主主義の成熟、公教育の確立、完全雇用政策の導入などを基礎とし、国民の生存権をはじめとする社会的諸権利の保障を理念に、社会保障や社会福祉を中心とする社会サービスの充実を国家政策の基本とするような国家体制のありようを意味している。そのような福祉国家の基底にあるのは、「最高の介入者、調整者としての国家(保護介入国家)」という観念であった。社会のなかに存在する多様な階級や階層、組織や団体間の複雑に拮抗する利害の調整にあたる国家、人びとのあいだの深刻な利害を調整し、社会を一つにまとめあげる権力装置としての国家、そうした国家像であった。

しかし、そのような国家像を基盤とする福祉国家の発展は一九七〇年代をもってその頂点に達する。この時期以降、福祉国家は、それまでの熱狂とは裏腹に根強い批判の対象に転化する。

福祉国家批判の第一の論点は、福祉国家を維持するために必要とされた多額の税金と保険料の負担が国民の可処分所得を縮小させ、そうした状況が経済の発展を阻害したということである。つぎに、国が最高の介入者、調整者、援助の提供者になり、国民の生活を保障するという福祉国家の仕組が国民の勤労意欲を減退させ、勤勉、倹約、節制、自己責任という市民社会の基本的な生活原理を崩壊させてしまった。これが福祉国家批判の第二の論点である。第三の論点は、福祉国家はすなわち行政国家であり、必然的に官僚組織の肥大を招き、中央集権的パターナリズムと官僚主義による福祉集権主義がうみだされ、そこから多大の弊害がもたらされたとする指摘である。

このような福祉国家批判のすべてが的を射ていたか、そこに疑義がないわけではない。しかし、一九七〇年代末から八〇年代にかけての福祉国家批判は、その功罪についての議論を煮詰める時間的な余裕を与えなかった。出口のみえない資本主義経済の低迷と予想以上の速度で進む少子高齢化の圧力が国家財政の窮迫を増幅させ、かつての保護介入国家の理念は「条件整備国家（enable state）」のそれに置換され、社会福祉資源の配分システムの福祉ミックス化、サービス提供システムの脱規制化、民間化、民営化、総じていえば社会福祉の準市場化が推進されていった。

（二）　多元福祉型レジーム

福祉国家にたいする批判は外在的なものばかりではなかった。福祉国家の内側からする福祉国家批判も提起され、その後の社会福祉の展開に重要な意味をもつことになった。たしかに、福祉国家は、社会の安定や人びとの生活の安定と向上をもたらした。しかし、それは同時に、かつて社会福祉の推進役を果たしてきた多様な民間の組織や団体の意欲と力を減退させ、社会の弱体化をもたらしたのではないかという内在的な批判である。

わが国においては、この内在的批判が含む中間組織の活性化による社会の再生という構想が「福祉国家から福祉社会へ」という文脈に置き換えられ、日本型福祉社会という観念を登場させた。家族や地域社会が「福祉の含み資産」として位置づけられ、イギリスや西ドイツとは異なる「中福祉中負担」の日本型福祉社会の実現が目指された[(1)]。しかし、現実には、家族も地域社会も期待された役割を果たしえなかった。家族は、一九八〇年代から九〇年代にかけて急速に核家族化、小規模化、単身化した。地域社会は、住民の流動化、孤立化、つながりの希薄化を通じて、その相互扶助能力、課題解決能力を急速に喪失していったのである。

そうしたなかで、一九九〇年代以降、わが国の社会福祉は新たな段階を迎えた。社会福祉の多元化である。それまで社会福祉の発展を支えてきた国、地方公共団体、社会福祉法人に加え、消費生活協同組合、農業協同組合、福祉NPO、非営利民間組織、さらには株式会社や有限会社などの営利事業者が新たにサービス提供事業者として参入しはじめた。福祉NPOに代表される民間非営利活動の拡大は、一九九五年の阪神・淡路大震災時のボランティア活動とそれにたいする社会的評価が契機となった。営利事業者の参入は、介護保険制度の導入にともないサービス総量の確保が必要となったことを契機とする。近年では、公益性と企業性をあわせもつ新たな事業体である社会的企業（ソーシャルエンタープライズ）の参入もはじまっている。

規制緩和、民間化、民営化の促進、総じていえば準市場主義化の推進という新自由主義的な政策動向を前提に二一世紀の社会福祉を展望するとき、資源配分システムやサービス供給システムの多元化は避けて通れない道であった。国家福祉型レジームの多元福祉型レジームへの転換である。

世紀転換期の社会福祉に求められてきたもう一つの多元化は、自治分権化である。社会福祉における自治分権化は、一九八〇年代なかばの国庫補助金の削減、機関委任事務の団体（委任）事務化を嚆矢とする。以後、これに権限の国から都道府県、さらには市町村への委譲が続き、こんにちにおいては社会福祉の運営管理はほとんど市町村のレベルにおいて行われている。このような自治分権化は、その一面において、介入調整型から条件整備型へという国家役割観の転換と重なり合っている。しかしながら、このような社会福祉にかかわる多元化は、他方において、社会福祉の地域自治化、市民主体化としての側面を有している。すなわち、二一世紀の社会福祉は市民と地域社会のガバナンス、自己統治という視角からも新たな展開が求められているのである。

（四）持続可能社会・社会的包摂・尊厳保障

ここで、二一世紀の社会福祉のありようにかかわる概念として、持続可能社会、社会的包摂、尊厳保障を追加することにしたい。

持続可能社会については、これまで自然資源の有限性とその克服のための循環型社会の構築という視点を中心に議論されてきた。そのことの重要性は言を俟たない。しかし、社会福祉にとってさらに重要なのは、少子化による人口の絶対的減少、高齢化の一層の進展、生産年齢人口の減少、そして小規模化、単身化、晩婚化という未曾有の家族の構造と機能の変化を前提に持続可能社会の構築を追求するということ、そのなかで二一世紀における社会福祉のありようを考察するという視点である。子育て支援施策や介護保険の将来はそのような視点を不可欠のものとしている。

社会的包摂は、西ヨーロッパにおける外国籍労働者の社会的排除とそれにたいする反発という深刻な社会問題に対応する政策理念として提起された概念である。近年、この社会的排除の概念が拡大され、障害者、女性、高齢者、貧困者、犯罪者などにかかわる諸問題も社会的排除の範疇に含めて議論が展開されている。わが国においても、ホームレス問題を社会的なつながりの喪失、つながりからの排除としてとらえる議論が浸透するとともに、社会的排除概念が大きな関心を引いている。社会的排除概念の拡大による外国籍労働者問題の拡散は避けなければならない。しかし、国籍にかぎらず、人種、民族、宗教、性別、年齢、能力などの多様な異質性をそのままのかたちでうけいれ、包摂するような社会の構築は二一世紀の社会福祉にとって極めて重要な課題である。

尊厳保障はインド出身の経済学者セン（Sen, A.）のいう「ヒューマン・セキュリティ」[(2)]を敷衍する概念である。わが国において「ヒューマン・セキュリティ」は「人間の安全保障」と訳される。しかし、センによる貧困世界に関する議論の趣旨からいえばこの訳語は適切とはいえない。センの思想にはむしろ「人間としての存在の保障」という訳語がふさわしい。そのことを前提に、二一世紀の社会福祉理念の方向を、一九三〇年代にはじまる「貧困からの解放としての経済保障」「社会生活の確保としての社会保障」「人間的存在の保障としての尊厳保障」という文脈から改めて再構築する方向を追求しなければならない。

二　拡大する社会的バルネラビリティ

（一）　生活問題の拡大と変容

今日、社会福祉の対象はかつてなかったほどに拡大し、変貌している。二一世紀を通じてこの傾向は一層加速されることになろう。

戦後の社会福祉の対象は、貧困問題、低所得者問題、児童問題、障害者問題、高齢者問題などというかたちで集約される諸問題としてとらえられ、その総体が生活問題と認識されてきた。また、その具体的、個別的な表出の形態が福祉ニーズとして把握されてきた。もとより、これらの諸問題は未だ解消されていない。しかも、こんにち、そこに重畳《ちょうじょう》するように多様で新たな問題状況が形成されてきている。

このような対象の拡大や変貌の背後には、新自由主義的、市場原理主義的な経済運営に起因する格差や不平等の拡大があるといわれる。それにたいして、格差や不平等は存在しないと主張する批判があり、格差や不平等の存在は問題視するに値しないという発言がみられる。しかし、わが国の社会に格差や不平等が存在しており、それが拡大しつつあることは否定し難い事実である。格差や不平等は階層、地域、個人それぞれのレベルにおいて存在するだけではない。それらは相互に密接に結びつき、そこに深刻な問題が形成されている。

教育機会の格差、不平等の状況におかれている児童生徒のなかにインセンティブ・ディバイド（意欲格差）が拡大しているとの指摘は、社会福祉の領域からみても極めて重要な意味をもつ。引きこもり、ニート、フリーター、ネットカフェ難民、ホームレスと呼ばれる人びと、アルコール依存者や薬物依存者、心のやまいをもつ人びとのなかにはあきらかにインセンティブ・ディバイドの結果といってよい人びとが含まれる。

家族、地域社会、学校、職場においては、人と人とのつながり、関係性の脆弱化や希薄化がみられ、人間関係の摩擦やそれに起因する心のやまいに悩む人びと、家庭内暴力に悩む女性、集団内部の陰湿ないじめに悩む児童生徒が増大している。相談相手のいない育児不安に悩む母親、関係性から切り離され、あるいは自ら関係性を拒否することにより、地域のなかで孤立する高齢者や障害者が増大している。児童青少年による非行、高齢者をターゲットとする振り込め詐欺、法外な費用を請求する住宅改修詐欺などについても、その背後には明らかに現代社会における関係性の脆弱化や希薄化が伏在している。

非正規就労の増加や賃金格差の拡大という就労条件の変化のもとで、社会的排除のターゲットとなる外国籍労働者、資格外滞在者の生活困窮や医療の問題、文化間葛藤などが社会問題化している。わが国においては外国籍労働者にたいする社会的排除はなお地方的なレベルにとどまっている。しかし、わが国にとって将来にわたる外国籍労働者の受け入れは不可避的な要請であり、今後一層深刻な問題となることが予測される。

（二）　社会的バルネラビリティ

わが国においては、このような社会福祉の対象について、一番ヶ瀬康子らによる生活問題論(3)や三浦文夫らによる福祉ニーズ論(4)を枠組みにしながら理論的、実態的な分析がなされてきた。一番ヶ瀬や三浦による生活問題論や福祉ニーズ論がこんにちなお有効性を有していることはいうまでもない。しかし、さきのような問題状況のすべてをその射程に収めることは難しい。

ここで、現代の格差・不平等社会下の諸問題を、より包括的に、かつより現実的、具体的なレベルで分析し、把握するため、「社会的バルネラビリティ」「社会的バルネラブルクラス」という概念を導入しておきたい。

社会的バルネラビリティは、「現代社会に特徴的な社会・経済・政治・文化のありようにかかわって、人びとの生存（心身の安全や安心）、健康、生活（のよさや質）、尊厳、つながり、シティズンシップ、環境（のよさや質）が脅かされ、あるいはその恐れのあるような状態にあること」を意味している。現代社会のありようにかかわって、人間的存在としての個人や家族のウェルビーイング（安寧）が脅かされ、あるいはその恐れのある状態のことである。社会的バルネラブルクラスは、「社会的にバルネラブルな状態にある人びとの集団、あるいは社会的にバルネラブルな状態にある人びとからなる社会的な階層」である。

バルネラビリティという概念は、「心が傷つきやすい」、「病気に罹りやすい」、「被災しやすい」、「被害を受けやすい」などを意味するものとして心理学、医学、法律学などの領域においてもちいられてきた。ここでは、それを社会的な概念として再構成する。

近代市民社会を構成する市民は、自分の意思によって物事を選択し、判断し、決定することのできる自律的な市民であり、同時に他人に依存することなしに自己の生存と生活を確保することができるという意味において自足的な市民である。

しかし、近代市民社会を構成する市民のすべてがそのような自律的で自足的な完全行為者であるわけではない。就業上の地位、経歴、階層などの社会的要因や年齢、障害や傷病の有無、性別などのために完全行為者であることの難しい人びとが少なからず存在している。それらの人びとは、社会的、経済的、政治的、文化的に不利益や侵害を受けやすい状態にある人びとである。社会的バルネラビリティとはそのような人びとのおかれている状態を意味している。このような社会的バルネラビリティの概念を導入し、生活問題論や福祉ニーズ論と結びつけることによって、二一世紀社会に予想される多様・複雑かつ高度な生活上の困難や障害をより包括的、かつ具体的に把握することが可能となろう。

三　社会福祉の拡大と限定

（一）　社会サービスと社会福祉

岡村重夫は一九世紀末から二〇世紀の中葉にかけて貧困救済施策が拡大し、多様に発展してきたことを前提に、「社会福祉の限定」を試み、社会関係の主体的側面への関心を社会福祉の固有性として抽出した。(5) いまやそれとは逆に、われわれは、もう一度社会福祉を外に開いて、そこから社会福祉固有の課題を抽出し、さらに二一世紀の社会福祉を展望する視点と枠組みを考察しなければならない。

現代社会には社会福祉以外にも、人権擁護、消費者保護、健康政策、労働政策、雇用政策、所得保障、保健サービス、医療サービス、司法サービス、更生保護、住宅政策、まちづくり政策などの多様な社会サービスが存在し、社会政策と総称される。通常、社会福祉の側からみて、これら社会政策を構成する社会福祉以外の社会サービス（以下、一般社会サービスという）は関連施策ないし関連領域として位置づけられる。しかし、逆の観点からいえば、社会福祉は現代社会の社会政策を構成する多様な社会サービスの一つである。ここで、まず、この事実を再確認しておきたい。

その理由の第一は、社会福祉にはもともと生活保護、福祉（保護）雇用、障害児・者施設、医療扶助、更生医療、育成医療などの特別医療、低所得者住宅や高齢者住宅、青少年自立支援施設、刑余者支援事業、福祉のまちづくり事業など、一般社会サービスとの接点に位置するサービスプログラムが多数包摂されており、その意義について改めて考察する必要があるということである。

第二の理由は、近年における社会福祉基礎構造改革にもかかわり、権利擁護事業、苦情対応事業、情報開示事業、サービス点検評価事業、介護予防事業、就労支援事業などの、人権擁護制度、消費者保護制度、健康政策、雇用政策などに密接にかかわるサービスプログラムが新たに追加され、社会福祉と一般社会サービスとの関係が改めて問われるようになってきていることである。

第三の理由は、先にみたような生活問題や福祉ニーズの拡大と変貌、すなわち多様、複雑かつ高度な社会的バルネラビリティの形成は社会福祉的プログラムのみによって適切かつ効果的に対応しうるものではない。社会福祉の側からいえば、一般社会サービスとの連携が求められるところであり、利用者の側からいえば、多様な社会サービスによる総合的な対応が求められるということである。

（二）　社会福祉のL字型構造

従来、社会福祉は、一般社会サービスのうちでも労働政策や雇用政策（かつては「社会政策」と総称された）との関係において考察されてきた。しかし、いまや、社会福祉は一般社会サービス全般との関係において考察することが求められているのである。

この視点からいえば、社会福祉は、一般社会サービスと並列する位置関係にある部分と個々の一般社会サービスにたいしてそれらと相補的な位置関係にある部分から構成されるL字型の構造をもつ施策として概念化される。[(6)]

周知のように、自由に商品が交換される市場の存在を前提とする経済システムは、もとより、政治、社会、さらには文化にかかわる近代市民社会のシステムは、合理的な判断と自己責任において交換（契約）関係の主体となり、その履行を約束する自己完結的な市民（完全行為者）を前提に構成されている。しかしながら、そのような自己完結的な市民の姿は一つの抽象であり、現実の近代市民社会は勤労者、農漁業者、商業者、自由業者、消費者、あるいは男や女、子ども、高齢者、障害者、傷病者等々の多様な属性をもつ人びとによって構成されている。しかも、これらの人びとのなかには、完全行為者であることを前提とする社会総体のシステムから排除されたり、そこから必要な便益を引き出すことのできない人びと、あるいは不利益を被りやすい人びとが多数含まれている。判断能力の低位性、身体的、精神的、あるいは社会的、経済的な脆弱性、情報の非対称性などのために権利の侵害や不利益を被りやすい人びと、すなわち先にいう社会的にバルネラブルな人びとである。

近代市民社会は、その長い歴史的過程のなかで基底の部分にある共同社会の維持、一定の質や量の労働力や兵力の確保、社会秩序の維持、社会的安定の確保、社会的求心力の確保など、多様な目的や理由のもとに、これらの人びとのために一般的普遍的な総体社会システムを部分的に修正したり、あるいは補強する施策を形成してきた。こうして形成されてきた施策、それが、ここでいう社会サービスである。

これにたいして、社会福祉は、家族機能の補充・代替や家族関係の補強などをめざす独自のサービスプログラムを核にしつつ、一般社会サービスを先導、補完、補強する多様なサービスプログラムを包摂している。一般社会サービスが市民社会における第一次的なセーフティネットであるとすれば、社会福祉は第二次的な、そして最後のセーフティネットである。

つぎに、このような社会福祉のL字型構造は、社会福祉が一般社会サービスにはない特有の機能を果たす基盤となっている。すなわち、社会福祉は、それがもつL字型構造のゆえに、社会福祉に帰属するサービスプログラムを運営・管理し、実施するという機能に加え、広く一般社会サービスと利用者との間を媒介調整し、多面的総合的に利用者の生活問題の解決・緩和・軽減、福祉ニーズの充足にあたるという特有の機能を果たすことが可能となるのである。

（三）　社会福祉の基本的特質

一般社会サービスの歴史的形成過程についていえば、原初的には貧困救済事業に起源をもつものが多い。原初的な貧困対策は、家族機能を全面的に喪失した人びとに対応する施策となる。それゆえに、それは、人びとの生活をまるごと引き受けるという形態と内容にならざるをえない。一定の規模で組織的社会的な対応を必要とする段階になると、貧困者の救済が入所施設による集合的保護という形態をとるのはそのためである。

一般社会サービスは、主要にはこのような貧困対策から出発しつつ、次第に判断能力の低位性、身体的、精神的、あるいは社会的、経済的な脆弱性、情報の非対称性などのために権利の侵害や不利益を被りやすい人びとにたいして専門的、一般的、普遍的に対応する施策として発展してきた。そして、その発展の過程で一般社会サービスは、それぞれに専門的な機能をもつ施策として形成されることになった。

すなわち、一般社会サービスのもつ機能は、いずれも原初的な貧困対策の果たしてきた機能の一部分を単機能的に専門分化させたものである。その結果として、一般社会サービスは、その機能的専門化、制度的一般化・普遍化と引き換えるように、個々の人びとや家族のもつ生活問題や福祉ニーズに個別的かつ総合的に対応するという視点と枠組みを欠落させることになったのである。

このような社会福祉と一般社会サービスとの位置関係は、社会福祉において家族や個人にたいして個別的に対応すると同時に、生活の全体性、統合性に対応し、一般社会サービスを動員しつつ、総合的包括的に対応することを可能とする。両者の関係は、社会福祉が一般社会サービスを補完、代替するという関係を越えて相補的なものとなる。

今後とも社会的にバルネラブルな状況におかれた人びとの増大が予想され、その課題に的確に対応することが求められる状況においては、個別的対応と総合的対応を同時的に追求し、実施することをめざす社会福祉への期待は一層高まることになろう。

（四）二一世紀社会福祉の展望

二一世紀の社会福祉には、一九八〇年代以来の福祉行革、基礎構造改革のなかで提起されてきた普遍化（一般化）、自助化、多元化、自治分権化、自由化（脱規制化）、地域化、計画化、総合化、専門職化の方向については、自助化や自由化（脱規制化）について必要な修正を加えつつ、さらに発展させることが期待される。多元化、なかでも自治分権化と地域社会化は二一世紀の社会福祉を展望するにあたっての鍵となる概念である。一九九〇年代以来提起されている地域福祉型社会福祉や地域福祉型福祉サービスという概念は社会福祉の今後を展望するにあたって示唆的である。[7]

最後に、このような展望をもつとき、社会福祉における援助方法（ソーシャルワーク）についても一定の改革が求められることになろう。ソーシャルワークの議論には伝統的に自己を「相談援助指導」の機能をになう援助専門職として規定する傾向が強い。しかし、これからのソーシャルワークには、従来の「相談援助指導」の機能を継承しつつも、「媒介調整連携」の機能を中心に、「運営管理開発」の機能をも視野に組み込むかたちでの発展が期待される。

〔註〕

(1) 日本型福祉社会論の契機は、一九七九（昭和五四）年の大平正芳内閣「新経済社会七カ年計画」に求めることができる。

(2) セン・A、東郷えりか訳『人間の安全保障』集英社新書、二〇〇六年、二三〜二四頁

(3) 社会福祉の対象を生活問題として論じた最初の言説は、一番ヶ瀬康子による「生活問題の論理」であろう。一番ヶ瀬康子『社会福祉事業概論』誠信書房、一九六四年、一九〜二四頁

(4) 三浦文夫『増補改訂 社会福祉政策研究』全国社会福祉協議会、一九九五年、五七〜七二頁

(5) 岡村重夫『社会福祉原論』全国社会福祉協議会、一九八三年、九三〜一〇三頁

(6) 社会福祉のL字型構造についての多少ともまとまった議論の一つとして、拙編『生活支援の社会福祉学』（有斐閣、二〇〇七年）がある。

(7) 二一世紀の社会福祉にかかる将来展望としては、一番ヶ瀬康子編『二一世紀社会福祉学』（有斐閣、一九九五年）や右田紀久恵ほか編著『社会福祉の理論と政策（二一世紀への架け橋――社会福祉のめざすもの 第一巻）』（中央法規出版、二〇〇〇年）などがある。

第九章　福祉ニーズの理解

一　福祉ニーズ論の再構成

社会福祉の対象については、孝橋正一の社会的問題論や一番ヶ瀬康子の生活問題論の系譜と岡村重夫や三浦文夫の福祉ニーズ論の系譜という二つの角度から議論が展開されてきた。いずれの系譜も社会福祉の対象についての言説としては有力なものであるが、端的にいえば一長一短をあわせもっている。

社会的問題論や生活問題論は、政策レベルのマクロ分析には効果的である。しかし、制度の運営や援助活動というメゾ、ミクロレベルの分析には有効性に乏しい。逆に、社会的な背景や原因にかかわる議論が十分になされていない福祉ニーズ論の場合、政策や制度にかかわるようなマクロ、メゾレベルの分析には有効性に乏しい。二つの系譜は相補的な関係において結合されなければならない。

（一）　岡村重夫の社会生活の基本的要求

岡村重夫は社会福祉の対象理解についても社会福祉固有の視点を設定する。岡村は「人間の基本的要求」と「社会生活の基本的要求」とを区別するところから出発する。人びとの生活は、空気、水、食料、社会関係、自己実現などの諸要求を充足することによって維持されている。しかし、そのような心理学や社会心理学によって記述されている要求は「人間の基本的要求」ではあっても「社会生活の基本的要求」ではない。社会福祉が対応する「社会生活の基本的要求」は「人間の基本的要求」の一定の部分を個々の要求と基本的社会制度との対応関係という文脈においてとらえ直したものである。

すなわち、岡村によれば、「社会生活とは個人が社会制度との交渉関連によって、はじめて可能なものであるから」、人びとの社会生活の起点となる要求は単なる「人間の基本的要求」ではなく、社会制度との関連において把握され直した要求でなければならない。岡村は、このような手続きを前提にしながら、最終的には次のような七通りの要求を社会福祉の対象となる「社会生活の基本的要求」として措定している。①経済的安定、②職業的安定、③家族的安定、④保健・医療の保障、⑤教育の保障、⑥社会参加ないし社会的協同の機会、⑦文化・娯楽の機会がそうである。

しかし、この「社会生活の基本的要求」がそのまま社会福祉の対象になるわけではない。基本的要求が人々と社会制度とのあいだに取り結ばれた社会関係のなかで十分に充足されえないとき、そこに一定の生活困難が形成される。より厳密にいえば、この社会関係の主体的な側面において形成される生活困難、それが岡村のいう社会福祉の対象である。岡村は、そのような生活困難を、それが形成される原因に着目しつつ、①社会関係の不調和、②社会関係の欠損、③社会制度の欠陥に分類している。(1)

（二）三浦文夫の政策科学的福祉ニーズ論

次に、三浦文夫の福祉ニーズ論である。三浦は福祉ニーズについて論じるにあたり、心理学や社会学にいう基本的ニーズのリストからはじめるという方法をとらず、そうしたニーズの不充足状況に共通する要援護性という要素を抽出し、その要援護性をもって福祉ニーズとみなすという方法を採用している。

三浦は、このような認識手続きの必要性を経済学が商品をその使用価値ではなく交換価値に着目し、それを経済学の対象として措定していることを例に挙げて説明する。三浦によれば、心理学あるいは社会学にいう基本的ニーズはそのままでは福祉ニーズとはなりえず、そこに生まれる不充足、要援護性という状態が社会的な対応を必要とする状態にあると認められるとき、それらは福祉ニーズとなる。ここで三浦のいう要援護性は、「ある種の状態が、一定の目標なり、基準からみて乖離の状態にあり、そしてその状態の回復・改善等を行う必要があると社会的に認められたもの」のことである。三浦は、この規定の前段にいう「ある種の状態が、一定の目標なり、基準からみて乖離の状態」にあるものを「依存状態」あるいは「広義の福祉ニーズ」とよび、後段の規定にかかわって、そのような依存状態のうち「回復・改善等を行う必要があると社会的に認められたもの」を要援護性ないし「狭義の福祉ニーズ」とよんでいる。さらに、三浦は、福祉ニーズのうち、市場メカニズムを通じて充足可能なものを市場的ニーズ、公的ないし社会的に充足されるものを非市場的ニーズとよび、貨幣の提供によって充足可能なものを貨幣的ニーズ、現物(器機やサービス)の提供により充足されるものを非貨幣的ニーズとよんで区別している。(2)

二　福祉ニーズ論再構成の視点

(一)　新たな視点

このような岡村や三浦の福祉ニーズ論はいずれも、社会福祉にかかわる計画策定、制度運営、援助活動などに関する議論を展開するうえで有効性をもつ理論として受容され、活用されている。しかし、同時に批判も強い。いずれの理論も社会問題論的、原因論的な接近方法を退けているという批判である。この福祉ニーズ論にたいする批判には一定の意義を認めることができる。他方、社会的問題論や生活問題論には利用者のかかえる生活困難の把握について具体性、現実性をもち難いという弱点がある。

このような状況を克服するために、ここでは社会的問題論や生活問題論と福祉ニーズ論を相補的な関係にあるものと理解し、福祉ニーズ論を中心に両者を統合したかたちで福祉ニーズ論の再構成を試みる。

その場合重要になるのは、第一に、福祉ニーズを論じるにあたって、その基盤となる社会を、岡村のように一般的・抽象的にとらえることを避け、歴史的社会として構造的に把握し、そのような社会との接点を重視するという視点である。第二に、労働問題とのかかわりに留意しつつ、それとは区別される生活問題という枠組みを前提に、福祉ニーズを論じるという視点である。第三に、そのような福祉ニーズをサービスとの対応関係においてサービス・ニーズとして把握するという視点である。

(二) 生活支援ニーズの形成

一般に心理学や社会学では、生理的ニーズ、人格的ニーズ、社会的ニーズなどとして多様にニーズが分類されている。このように分類されるニーズを一般ニーズとよぶことにすれば、人間の生存と生活にとってその存在と充足は不可欠の要件である。しかし、一般ニーズがそのまま社会福祉という施策の対象になるわけではない。ここでは、そのような一般ニーズのうち、①充足の有無が直接的に個人、家族、地域社会の生命や活力の維持・再生産にかかわっているニーズ、②充足が社会関係や社会制度とのかかわりのなかで行われるニーズを生活ニーズとよぶことにしよう。福祉ニーズ論の出発点となるのはこのような意味での生活ニーズである。

人びとの生活は、基本的には、生命—身体システム、人格—行動システム、生活関係—社会関係システムという三通りの内部システムをもつ生活者（生活主体）と物質的生活環境と社会的生活環境から構成される生活環境との間の社会的代謝を通じて生活ニーズを充足させることによって維持、再生産されている。生活者の生活ニーズは、生活者と生活環境との社会的代謝関係のなかで充足され、そこに一定の水準と内容をもった日常生活が形成される。しかし、生活ニーズはいつでも適切に充足されるというわけではない。生活者の生活環境や内部システムに変化が生じるとき、しばしば生活ニーズの充足は不十分なものとなる。そこに形成されるのが生活支援ニーズである。

（二） 生活支援ニーズの形成要因

生活支援ニーズの形成の基盤にあるのは社会的代謝関係の不調である。それには、物質的生活環境あるいは社会的生活環境などの環境的要因による場合と生活者のもつ主体的要因による場合がある。

物質的生活環境にかかわって生活支援ニーズを形成する要因としては、公害による大気や水質の汚染、薬品公害や食品公害、過疎や密住、寒暑や干ばつなどの過酷な自然条件、道路の狭隘や段差などを指摘することができる。これらの要因によってうみだされる問題状況は、ただちにそれ自体として社会福祉の対象となるわけではない。しかし、そこに生まれる疾病、障害、健康の破壊、飢餓は重要な生活支援ニーズを形成する。

生活支援ニーズの形成過程に影響を与える社会的生活環境は、宮本憲一を援用していえば、およそ次のような要素から構成されている[(3)]。

①生活の基盤となる社会的集団や組織
②生活の基盤となる所得を確保するために関係をもつ組織
③人びとの都市的生活を支えるために必要とされる共同消費手段
④健康や生活力（労働能力）を保全するための施策・施設
⑤生活力（労働能力）の資質や技術の向上のための施策や制度

⑥生活の質・利便性を確保するために利用する交通・通信手段
⑦生活の質を高めるために利用する文化・娯楽施設
⑧生活を支援する施策・制度

これらの社会的施策や制度が欠落、量的な不足、低劣な品質などのために十分に機能していない場合や生活者のもつ個別的条件のために適切に利用できない場合、そこに生活支援ニーズが形成される。

生活支援ニーズの形成には生活者のもつ多様な個別的要因がかかわっている。生命—身体システムに関していえば、生活者の年齢、性差、機能などの要素は幼弱、高齢、性差別、機能不全などの状況を介して多様な生活支援ニーズを形成する。人格—行動システムについていえば、生活者のもつ人格（パーソナリティ）のありようや精神的状況、非社会的あるいは反社会的な行動様式は生活支援ニーズを形成する重要な要因となる。生活関係—社会関係システムのうち、生活者の配偶者、子、親、きょうだい、親族、仲間などとの間に取り結ぶ緊密な生活関係は情緒的な色彩をもつ紐帯、相互的な関係であるため、その欠損や不調は容易に生活支援ニーズを惹起する。その外側に形成される社会関係は、独居、孤立、排斥などを通じて生活支援ニーズを形成する。

（四）生活支援ニーズの属性

このようにして形成される生活支援ニーズには幾つかの特徴的な属性が認められる。

①要支援性……生活支援ニーズは生活者独力では充足が難しい、あるいはそれが不可能であるところに成立する。
②緊急性……生活支援ニーズが長期に充足されないとき、人びとの生活は従来の水準や内容を維持することが困難となり、生命や活力の維持再生産が脅かされる。
③社会性……生活支援ニーズは社会的に形成されるという性質をもっている。

④規範性……生活支援ニーズは望ましいとされる価値や判断基準に抵触する状態である。それゆえに、その解消、緩和、解決が必要な課題的状況として認識される。
⑤覚知性……生活支援ニーズの形成や存在はその担い手である生活者によって気づかれている場合と気づかれていない場合がある。また、生活支援ニーズには、気づいていても、そのことが表明される場合とそうでない場合がある。
⑥需要性……生活支援ニーズは、充足を求める行動を伴う。それは、家族・親族・友人・隣人などにたいする支援の要請、新たな生活支援サービスの創出を求める社会運動など、さまざまな態様をとる。

(五) 社会的生活支援ニーズ

このような生活支援ニーズは、一定の条件の下において社会的生活支援ニーズに転化する。通常、生活支援ニーズが形成された後も、生活者は自助努力を通じてその充足を図ろうとする。それが充足されないとき、社会的生活支援ニーズに転化する。社会的生活支援ニーズは、生活支援ニーズが①インフォーマルな生活支援サービスや営利的生活支援サービスをもってしては充足されえない、あるいはそれらを利用できない場合であって、②社会的ないし公的な形での充足が必要であるという社会的な認識と合意が成立する場合に、それとして認知される。

このような社会的生活支援ニーズは、所得保障ニーズ、保健医療ニーズ、福祉ニーズに分類される。

所得保障サービスと照応する所得保障ニーズは、一定の水準において維持されてきた生活が失業や退職による所得の中断や低下、疾病や育児による出費の増加などによって傾向的に低下するおそれのある状態である。こうした状態は、しばしば社会の構成員としての最低限度の水準をも維持しえない生活不能状態を惹起する。

保健医療サービスと照応する保健医療ニーズは、健康の増進や疾病の予防、治療、アフターケアなどの必要にかかわって形成される。

福祉サービスと照応する福祉ニーズは、生活における一定の困難や不全、不調、欠損、総じていえば生活の支障にかかわっている。具体的には、それは生活機能不全、生活能力不全、生活関係—社会関係の不全を内容とする。

生活機能不全は、生活支障の形成が加齢や重度の心身の支障に起因する摂食、排泄、衣類の着脱、寝起き、移動などの身辺処理が適切に行われていないか、それが顕著に困難な状況にあることを指している。生活能力不全は、身辺処理能力を除き、日常生活の維持再生産、さらには自己実現や社会参加にかかわる能力が不十分な状況にあることを指している。成人にとって生活能力の中心は労働能力であるが、疾病や障害はそのような意味での生活能力の不全、そして生命や活力の維持再生産の危機につながりやすい。成長過程における子どもにとっては、労働能力を含め将来の生活を支える能力の獲得が損なわれる状態である。退職した高齢者にとっては、就労による稼得能力を喪失したなかで、尊厳をもって自立生活を維持再生産し続けることが困難になる状態である。生活関係—社会関係の不全は、親子関係の欠落や不調、それに伴う子どもや高齢者の遺棄や虐待、友人関係の不調にかかわる不登校、非行、社会関係の欠落や不調に伴う社会的孤立、路上生活などの状況にかかわっている。

（六）　社会的生活支援ニーズの対象化

このように、社会的生活支援ニーズは多様な内容をもって形成されるが、それが具体的に社会的生活支援サービスの一つである社会福祉と結合するためには、社会福祉の制度が設定している援助提供の基準、利用者の側からいえば利用の基準に適合する状態として認定されなければならない。福祉ニーズの、いわゆる「対象化」[(4)]とよばれる過程が必要とされる。

たとえば、所得保障ニーズをもつ生活者による生活保護の利用が可能になるためには、その状態が生活保護の設定している「保護基準」に合致しなければならない。同様に、福祉ニーズに対応する施策の一つである保育所を利用するためには、利用希望者の子どもが保育所入所基準にいう「保育に欠ける」状態になければならない。特別養護老人ホームを利用するには、利用者の心身の状態が特別養護老人ホームの利用を必要とするような「要介護状態」にあることが認定されなければならない。

社会福祉の対象に関する議論を、一般ニーズ、生活ニーズ、生活支援ニーズ、社会的生活支援ニーズ、福祉ニーズという順序で規定しつつ、その内容や特性について考察してきたが、その福祉ニーズも最後の「対象化」の段階において、さらに限定される。その意味では、現実の社会福祉の対象は課題状況としての福祉ニーズの全体ではない。それは、福祉ニーズの論理と対象化の論理によって合成され、措定された課題状況の一部分である。(5)

〔註〕

(1) 岡村重夫『社会福祉原論』全国社会福祉協議会、一九八三年、一〇四~一一三頁

(2) 三浦文夫『増補改訂 社会福祉政策研究』(全国社会福祉協議会、一九九五年)の第五章、第六章を参照されたい。

(3) 宮本憲一『社会資本論 改訂版』有斐閣、一九七六年、三三~三六頁

(4) 社会福祉サービスは社会的生活支援ニーズに対応する施策である。しかし、両者は一対一の関係において対応しているわけではない。社会的生活支援ニーズは、客観的にみれば、社会福祉サービスとは独立に成立するが、そのすべてが社会福祉サービスの対象になるわけではない。社会的生活支援ニーズが社会福祉サービスの対象になるためには、社会的サービスは一定の利用資格やサービス適用の基準によって切り取られ(フレーミングされ)なければならない。ここで「対象化」というのはこの意味である。ちなみに、「対象化」という概念を最初に提起したのは、管見するところでは真田是である。真田是「社会福祉の対象」(一番ヶ瀬康子、真田是『社会福祉論(新版)』有斐閣、一九七五年、所収、二七~三九頁)を参照されたい。

(5) われわれの福祉ニーズ論については、拙著『社会福祉原論 第二版』(誠信書房、二〇〇五年)も参照されたい。

第十章　歴史のなかの社会福祉

一　社会福祉史研究の視点と枠組み

（一）　歴史研究という視点

近代科学における研究方法の基本は、研究の対象として措定された事象について、そのような事象をもたらす原因を探索し、それがどのような条件のもとに、いかなる機序と経過を通じて結果されるかを解明し、その過程において明らかにされた原因と結果の関係を一つの法則として定立するという手続きを積み重ね、そこから措定された事象の全体像を解明し、再構成し、記述することに求められる。

自然科学の領域においては、この過程は統制された条件下において原因と結果との関係を繰り返し再現させて確認するという一定の手続き、すなわち実験という方法によって厳密に遂行される。

しかしながら、人文科学や社会科学の領域において実験という手法をもちいることは極めて難しい。社会心理学や社会学の領域で実験に近い手法がとられることもあるが、適用できる範囲は限られている。社会的施策とその成果の確定などという課題について実験的に施策を導入して結果をみるという手法を導入するわけにはいかない。

そのような場合に、歴史をさかのぼり、一定の社会的な事象についてそれがどのような背景と要因のもとにいかにして結果されるにいたったかを巨細にわたって分析し、そこから研究の対象になっている事象の成立の機序と経過を明らかにするという手法がとられる。その場合、歴史は過去の実験室としての役割を果たしているのである。

（二）歴史研究における先進国と後発国

現代社会を構成している多様な施策について、その成立の機序と過程を明らかにしようとするとき、しばしば、歴史的にみてより早い時期にその施策を発展させた先進国やより典型的な形でそれを発展させてきた典型国を設定し、それとの比較において他国における当該施策の成立の機序と過程を分析し、解明するという手法が採用される。

そのとき、どの国を先進国や典型国として設定するかはもとより分析の対象となる施策ごとに異なっている。わが国でいえば、資本主義発達史分析についてはイギリスが、社会政策史についてはドイツが先進国ないし典型国として選ばれてきた。社会福祉の歴史研究においては、同様の趣旨で、イギリスが選ばれてきた。

イギリスを先進国や典型国とみなす社会福祉史研究の枠組みは、図式的にいえば、次のような命題ないし仮説によって構成されている。すなわち、①社会福祉は資本主義（体制）に特有の社会的な施策である。②資本主義を最も早くかつ典型的に発展させた国はイギリスである。③社会福祉はそのイギリスにおいて最も早くかつ典型的に発展してきた。したがって、④そのようなイギリスの社会福祉について研究することは後発国であるわが国の社会福祉について分析し、歴史的な普遍性や特殊性を解明するうえで有用である。

このような、イギリスの資本主義史そして社会福祉史を先進型あるいは典型としてとらえる分析の枠組みは、一面において規範論としての性格をともなっている。イギリスにおける資本主義や社会福祉は先進国レジームや典型国レジームとしての意味を超え、後発国にとっての範型、モデルとして理解されてきた。そこに、わが国の社会福祉はイギリスに後れをとっている、可及的速やかにこれをキャッチアップしなければならない、あるいはわが国の社会福祉は後発性にともなう特殊な展開となっている、という言説が成立する。

（二） 社会福祉の発展段階説

次に、社会福祉史の方法について考察するとき、重要な論点となるのは社会福祉の起点をどこに求めるかということである。第一の見解は、社会福祉の起点を古代社会に求める考えかたである。たとえば、吉田久一の日本社会福祉史はそのような見解に拠っている。(1) 第二の見解は、社会福祉の起点を資本主義の発展をもたらすことになる市民社会の成立期に求めようとする考えかたである。(2) これら二通りの見解は方法論的には相互に対立する側面をもっているが、しかしそれらは二項対立的に理解すべきものではない。その源流を人類社会のエートスとしての相互扶助や愛他主義に求めるとすれば、社会福祉は古代社会以来の歴史をもつことになる。しかし、社会福祉の社会的、組織的、科学的な施策としての側面に留意するならば、それは近代市民社会成立以降の所産としてとらえなければならない。

社会福祉の社会的、組織的、科学的な施策としての側面を重視する人びとは、近代以前の古代社会や中世社会における社会福祉（の前史）よりも近代市民社会成立以降の社会福祉のありように留意し、その展開の過程を資本主義の展開の過程に対応させるかたちで解明しようとしてきた。たとえば、一番ヶ瀬康子は近代市民社会成立以降の資本主義経済の展開過程を初期資本主義、盛期資本主義、末期資本主義前期、末期資本主義後期に分け、それぞれに救貧法、最低の救貧法・慈善組織化、社会改良活動・社会事業、社会保障・社会福祉事業・専門技術を照応させている。(3)

他方、このような議論とは別に、社会福祉に一定のタイプあるいはモデルを設定し、それにもとづいて社会福祉のありようを理解しようとする見解がみられる。たとえば、アメリカのウイレンスキーとルボー（Wilensky, H.L. & Lebeaux, C.N.）による「残余としての社会福祉」と「制度としての社会福祉」(4) やイギリスのティトマス（Titmuss, R.M.）による「残余的福祉モデル」「産業的業績達成モデル」「制度的再分配モデル」などである。(5) これらのタイプないしモデル論は必ずしも発展段階的な理解を意図して設定されたものではないが、社会福祉史理解のうえでも一定の有効性をもっている。

（四）日本とイギリスとアメリカ

社会福祉史の研究においては、イギリス、アメリカ、そして日本における社会福祉の歴史が取りあげられることが多い[(6)]。最後に、日本が取りあげられることについては説明を要しないであろう。社会福祉史研究は社会福祉研究の重要な領域であるが、その最終的な目標は現代の社会福祉についてより普遍的に把握し、その基本的な構造や機能を解明することにある。イギリスを取りあげるのはイギリスとそこにおける社会福祉を先進型あるいは典型として活用するということである。そのねらいや効用についてはすでに言及した。アメリカについては多少の説明が必要であろう。アメリカはイギリスにたいしていえば資本主義の後発国であり、それゆえにそこにおける社会福祉の発展も特殊的である。その特徴は社会的施策としての社会福祉よりも援助の技術としてのソーシャルワークが発展した点に認められる。アメリカを取りあげるのはソーシャルワークの先進国としてである。イギリスとアメリカは、それぞれ社会福祉にかかわる施策の先進型ないし範型、ソーシャルワークの先進型ないし範型としての意味をもっている。

しかし、このような先進国や典型国の設定のしかたが一般性をもつのは一九七〇年代の半ばまでである。この時期以来、第二次世界大戦以降、資本主義先進諸国で推進されてきた福祉国家政策が一転して批判の対象に転化するに及び、ノルディック諸国をはじめ東欧諸国、東北アジアなど多様な国々の社会福祉が社会福祉の範型として取りあげられはじめる。その背後には、西ヨーロッパの近代を普遍的価値として位置づけ、それとの対比を通じて世界社会を理解しようとしてきた研究方法にたいする批判がある。

ただし、もとより、そのことによってイギリスやアメリカの社会福祉を対象とする個別的な社会福祉史研究の意義が薄れるわけではない。新しい時代の歴史分析の方法、比較社会福祉史の方法に十分留意しつつ、世界と日本における社会福祉の歴史と現在についての理解を深めていかなければならない。

二　アメリカ社会生成期の救貧制度

以下、そのような社会福祉史研究の一例としてアメリカ社会生成期における救貧制度を取りあげ、分析を試みる。わが国の社会福祉、なかでも第二次世界大戦直後の戦後福祉改革期における社会福祉は、連合国軍総司令部の対日福祉政策を通じてアメリカ社会福祉の強い影響下におかれた。そのようなアメリカ社会福祉の草創期について知ることは、戦後の社会福祉を理解するうえで重要な意味をもっている。(7)

（一）アメリカ社会の特徴

● 分権的な行政組織

たとえば、アメリカの社会福祉における国（連邦）の役割は、イギリスの場合とは大きく異なっている。連邦制度をとるアメリカにおける中央政府の役割はイギリスに比べてかなり限定的である。アメリカの社会福祉は国の法律である社会保障法にもとづいて展開されている。しかし、アメリカの社会福祉は全国一律ではない。具体的な施策は州によって異なっている。施策の種類によっては地方自治体（ローカルガバメント）ごとに異なっている。そのうえ、公的セクター（連邦、州、地方の政府）よりも民間セクターや民営セクターの役割がイギリスや日本よりも大きい。

● ソーシャルワークの発展

アメリカにおける社会福祉のもう一つの特徴は、ソーシャルワークが重要な役割を果たしていることである。その発祥の地はイギリスであるが、それがこんにちのように発展し、社会的な技術の体系として整備されていったのはアメリカにおいてである。ソーシャルワークの中心に位置するのはケースワークであるが、その源泉は一八六〇年代のロンドンに誕生した慈善組織協会による友愛訪問活動のうちに求められる。しかし、その慈善組織協会はむしろアメリカにおいて本格的に発展し、ケースワークの体系化はバッファロー慈善組織協会の書記としてそのキャリアをはじめたリッチモンド(Richmond, M.)によって推進された。

独特の展開

これらの特徴はいずれも、アメリカがイギリスの植民地として開発され、イギリスをはじめヨーロッパ各地から多数の移民を受け入れて発展してきたこととかかわっている。新天地に移住してきた移民たちはヨーロッパ的な政治権力を好まず、アメリカ各地に独自の自由主義と個人主義にもとづいた自治的な色彩の強い植民地を築きあげていった。アメリカに来た移民たちは、人種、民族、出身国、言語、文化、宗教など多様な違いをもち、先に移住した人びとによる互助的な団体や教会組織の援助を受けながらアメリカ社会に適応していった。

(二) 植民地救貧法の展開

植民地の貧民問題

アメリカ資本主義の成立の過程は、イギリス資本主義の成立の過程と比較すると、かなり異なっていた。アメリカには解体されるべき封建体制は存在しなかった。そのため、アメリカ資本主義はイギリスにみられたような資本の本源的蓄積の過程を経験することがなかった。植民地における原初的な生産手段たる土地は、先住民族であるネイティブアメリカンを追放することによって確保されたし、労働力は一般の移民や年季奉公人という形で外部から導入されたからである。アメリカ植民地では、イギリスの重商主義の時代にみられたような形態での貧民問題は成立しなかったのである。

それでも、多くの植民地がその建設後三十〜四十年を経ずして救貧規程を制定している。植民地においても、病人、寡婦、孤児、老人などの労働不能者の出現を無視することはできなかったし、ネイティブアメリカンその他との戦争による犠牲者、自然災害の犠牲者、貧しい移民などを放置することはできなかった。

初期救貧規程

こうした人びとに対応するために、それぞれの植民地議会は次々に救貧規程を制定していった。救貧法はいずれもイギリスのエリザベス救貧法を範型とするものであった。ただし、イギリスの救貧法がそのまま適用されたわけではない。また、個人の植民地のもっている地理的・社会経済的条件に規定されて、救貧法の内容には少なからぬ差異が認められた。

アメリカで最初に救貧法を制定（一六四二〜一六四三年）したバージニア植民地では、イギリス国教会の教区が救済行政の単位となった。ここでは救済行政事務は牧師の任務とされ、通例はタバコによって納入された十分の一税ないし一般租税によって救済が実施された。同様の制度はカロライナやジョージアにも波及していった。

これにたいしてニューイングランドでは事情が異なっていた。この地方で最初に救貧規程をもった植民地はプリマス（一六四二年制定）であったが、そこでは救済はタウンミーティングの決議に基づきタウンシップが実施すべきであると定められていた。この構想はやがてニューイングランド全体に受容され、この地方の救貧法を特徴づけた。すなわち、ニューイングランドではタウンが救済行政の単位となり、当初は行政委員が、後には貧民監督官が、救済事務を取り扱い、救貧税が課せられていた。

中部植民地を代表するニューヨークでは、事情はさらに異なっていた。ニューヨークがオランダの植民地であった頃には、救済はオランダ改革教会によって実施されていた。しかし、それがイギリス領になった後では、強制課税をともなう救貧法が制定（一六八三年）され、公的救済制度が確立された。ただし、ここでの救済行政は、オランダ領当時の土地制度の影響もあって、ニューイングランドの場合とは異なり、カウンティを単位として実施された。

● 救済の方法

植民地救貧法による救済の方法はほとんど院外救済であった。これはいずれの地方においても共通した現象であり、食糧、薪炭、衣料、種子などが、多くは現物で、まれには貨幣によって支給された。ただし、ボストンなどでは、貧民を一定期間ずつ、タウン内の各家庭に委託するという方法もとられていた。また、タウンが公費によって貧民の医療費を支出するという制度もあった。児童については、通常いずれの植民地にあっても、年季奉公ないし徒弟奉公制度が活用されていた。さらに、場所によっては、貧民の競売制度（最低値をつけた入札者への貧民維持の委託）が実施されていたという指摘もあるが、実際には提案に終わることが多く、全般的に採用されたわけではない。

アメリカ植民地の救貧行政のいま一つの特質は居住地法が重視されていたことである。最初の居住権に関する規定は前出のプリマス救貧法に認められるが、建設当初の植民地や後のフロンティアにおいては、自給自足的経済が一般的であったことから、新来者の来往は厳しく制限され、彼らにたいする立ち退きの警告、保証人や保証金の要求、送還などの諸制度が設けられていた。大西洋沿岸諸都市では、救済費負担の拡大をあらかじめ回避するという意図から、貧窮移民の上陸を制限するという事態も間々見受けられた。

（二）　貧困の拡大と院内救済の提唱

● 独立革命の影響

アメリカ植民地は、独立革命の結果、十三州からなる連邦国家として承認されることとなった。独立革命はアメリカの経済・法律・文化など社会のあらゆる側面に大きな影響を与えずにはおかなかった。独立革命の救貧制度に対する影響の一例としては、それを契機として南部における「国家と教会」の分離が実現し、南部諸州においてもカウンティを行政の単位とする公的救貧制度が確立されたことを挙げることができる。さらに一般的な影響としては、独立革命とそれに先立つ啓蒙主義の興隆が貧窮を社会にとって自然的・不可避な現象であるとする多年の信念を打破し、社会を、そして貧窮を変革可能な存在なり現象なりとしてとらえる思想を発展させたことを挙げるべきであろう。

しかしながら、この啓蒙主義の思想は、人びとの出身国であるイギリスなどのヨーロッパ諸国に比較し、アメリカは人口も少ないうえに、豊富で無限の資源に恵まれているという自己認識と結合するとき、労働可能な人びとの貧窮化を全面的に否定する思想に転化する。こうして貧窮の唯一の原因を、個人の無能力や努力の欠如に求める救済思想が、次第にアメリカ全体に定着していった。生活にたいする自己責任主義にもとづく個人主義的、道徳主義的な救済思想が、イギリスにおけるよりもより一層苛酷に、貧しい人びとに適用されることになった。

民間救済団体の発展

ただし、その一方において、アメリカには植民地時代以来多数の宗教的慈善団体や出身国や文化、言語などを共有する互助団体、同胞団体、友愛団体が存在し、それらの団体が個人主義的、道徳主義的な苛烈な社会にあってある種の安全弁的な機能を果たしてきたことに留意しておかなければならない。特に、ほとんど着の身着のままで渡航してくる移民の受け入れ過程においては出身国や民族ごとの同胞団体や友愛団体、教会などの救済や支援が大きな意味をもっていた。こうした団体や組織がなければ、おびただしい移民のアメリカ社会への適応はほとんど不可能なことであった。

不況の長期化と救済費の急騰

独立革命後のアメリカ合衆国の発展は、必ずしも順調なものではなかった。独立革命後においてもアメリカには、イギリスの工業製品が氾濫していた。アメリカの産業資本の発展がようやく軌道に乗りはじめたのは一八一〇年代においてであった。しかしながら、第二次英米戦争の終結とともに、アメリカの産業資本は再びイギリス工業との競争に苦闘しなければならなかった。また、棉作を中心とする南部地域は、イギリスの綿工業にたいする原料供給地　商品市場としての地位に完全に転落せしめられてしまった。

こうして、アメリカ経済は、一八一五年から一八二一年頃にかけて、深刻な不況を経験することになった。この長期にわたる不況は、当然のことに、公的救済費の急騰をもたらさずにはおかなかった。それに対応するように、個人主義的な救貧思想がその影響力を増し、ニューヨーク市のヒューマン教会や貧窮予防協会は、貧窮の原因を飲酒、無知、怠惰、浪費、無分別な結婚や早婚などに求める報告書を提出した。なかでも、後者の貧窮予防協会による報告書は、ニューヨーク市に存在する多数の慈善施設の成し遂げている善（成果）は、部分的、一時的なものであり、それがもたらす弊害を相殺するほどのものではないのではないか、と疑問を投げかけた。マサチューセッツ州のクインシー・レポート（一八二三年）が提出されたのは、このような苛烈な状況のもとにおいてであった。

院外救済から院内救済へ

マサチューセッツ州における貧困救済制度の実態調査に依拠するクインシー・レポートの内容は次の二点に集約される。まず、クインシー・レポートは、あらゆる貧民救済の方法のうち、最も浪費的で、高くつき、かつ貧困者の道徳に害があり勤勉の習慣にとって破壊的なものは、居宅での救済である、とその当時一般的に行われていた居宅による救済を断罪する。クインシー・レポートによれば、貧民救済の最も経済的な方法は、労役場ないし勤労の家の性格をもつ貧民院への収容である。そこでは受給貧民のあらゆる能力の程度に応じて仕事が与えられ、そうすることで労働能力のある貧民は、少なくとも部分的には彼ら自身の生活資料を、そしてまた労働不能貧民のための生活資料を、あるいは少なくとも彼らの慰安のための資料を稼ぎだすことができると考えられていた。

クインシー・レポートと同様の性格をもってニューヨーク州に提出されたイエーツ・レポートの骨子は、次の三点にあった。すなわち、第一に、カウンティごとに十分な規模の農場を付設した一つもしくはそれ以上の雇用の家を設置するべきである。第二に、受給貧民はそこでカウンティの費用によって維持され、農業を中心とする健全な労働に雇用されなければならず、また彼らの子どもは注意深く教育され、適切な年齢に達したときに、何らかの有益な事業ないし商業に就かされるべきである。第三に、各々の雇用の家には、強壮な乞食と浮浪者を受け入れかつ訓練するための労役場ないし懲《ちょう》治場《じば》が付設されるべきであり、健康で、手に職をつけている十八歳から五十歳までの男子は救済されるべきでない。

クインシー・レポートもイエーツ・レポートも、その成立の経緯は多少異なっているとしても、貧困者を施設に収容し、就労を強制するという求援抑制的な救済方法の導入を勧告しているということにおいて共通の基盤に立っている。なかでも、クインシー・レポートが貧困者にたいして救済費を自弁することに加え、労働不能者の扶養を求め、イエーツ・レポートが健康で就業能力のある十八歳から五十歳までの男子について救済を否定していることは、当時の救済思想の性格を如実に物語っている。

これら二つの報告書はいずれも、それぞれの州境を超え、アメリカ全体のその後の救貧制度のありように多大な影響を与えるものであった。なかでも、報告書が提出されたのと同じ一八二四年にその趣旨をそのまま実現するニューヨーク州カウンティ救貧法が制定されたこともあって、イエーツ・レポートの影響には著しいものがあった。この法律が制定されて以後、アメリカ各地において救済制度の改革が試みられ、労働可能貧民の救済の制限、貧民院の設置が一般的に追求されるようになったのである。

アメリカ社会生成期の貧民政策

アメリカの救貧法は、確かに、少なくともその原理という側面においては、母国イギリスの救貧法との間に強い類縁関係をもっていたといってよい。しかし、それらが対象とした貧民の質や課題はかなり異なっていた。すでに指摘しておいたように、少なくとも植民地時代における救貧法の対象は、イギリスでみられたような資本の本源的蓄積の過程で創出されてきた貧民＝無産労働者ではなかった。植民地では、商工業の発展に必要な労働力は移民というかたちで外部から導入すればよかった。加えて、フロンティアの存在が失業者や貧民に農民として再生する余地を残していた。こうした事情からすれば、植民地時代の救貧法が労働力の創出なり陶冶なりに積極的に貢献してきたとはいい難い。

独立革命以後、貧民院の時代になるとやや事情が異なってくる。通常、クインシー・レポートやイエーツ・レポートはイギリスの一八三四年救貧法委員会の報告と対比される。しかし、この対比のさせかたは必ずしも的を射ているとはいい難いように思われる。確かに、一八三〇年代以降における貧民院の建設がイギリスの新救貧法の影響を受けたことは否定しえない。だが、それに契機を与えたクインシーやイエーツによるレポートの骨子は労働可能貧民にたいする院外救済の廃止と貧民院における彼らの雇用ないし就労、およびそれによる救済費の自弁を強く要求するものであった。

したがって、イギリスの経験と対比するのであれば、それはむしろ一七二二年の労役場テスト法をうみだすことになった政策思想に対応させられるべきであろう。すなわち、両レポートやそれに依拠する政策は、直接的には救済費の節減と求援抑制という意図を契機とするものであり、イギリスの新救貧法のように働く貧民を近代的賃金労働者と被救恤的《ひきゅうじゅってき》窮民《きゅうみん》への分解に貢献するというほどの成果をもったとはいえないように思われる。

他方、貧民院の時代にも院外救済が全面的に廃止されていたのではなかった。さらに、一部には、貧民院の被収容者中に占める労働可能貧民の割合は一〇％強にすぎないという指摘や、大西洋都市の貧民院は無料施療所としての性格が強かったという指摘も行われている。しかし、そのような指摘があるとしても、この時期の貧民政策が、全体としては、労働可能貧民の救済を制限し、あるいは貧民院における労働力の陶冶や修復を通じて、貧民を労働に追い立てようとしていたことは確実である。

〔註〕

(1) 吉田久一『全訂版 日本社会事業の歴史』勁草書房、一九九四年、二九頁

(2) 右田紀久恵、高澤武司と共同で編集した『新版 社会福祉の歴史』(有斐閣、二〇〇一年)は、社会福祉を近代以降の所産として位置づけている。

(3) 一番ヶ瀬康子『社会福祉事業概論』誠信書房、一九六四三年、九一頁

(4) Wilensky, H. L & C. N. Lebeaux, Industrial Society and Social Welfare, The Free Press, pp.138-139.

(5) ティトマス・R・M、三友雅夫訳『社会福祉政策』恒星社厚生閣、一九八一年

(6) 前掲『新版 社会福祉の歴史』(有斐閣)は、イギリスを社会福祉政策史の典型国、アメリカを社会福祉援助技術史の典型国として位置づけ、その分析からえられる知見を基準としてわが国の社会福祉史を分析するという枠組によっている。

(7) アメリカ社会福祉史の通史的な研究としては、一番ヶ瀬康子『アメリカ社会福祉発達史』(光生館、一九六三年)、トラッナー・W、拙訳『アメリカ社会福祉の歴史』(川島書店、一九七八年)を参照されたい。

第十一章　戦後福祉改革の系譜
――福祉行革から基礎構造改革へ――

高度経済成長が本格化する一九六〇年代を迎えるとともに、わが国の社会福祉は新たな時代を画期することになる。それは当初、戦後福祉改革のなかで構築されてきた基礎的な枠組みを前提に、その拡大充実を図るというものであった。しかし、それはやがて戦後福祉改革の枠組みを超え、新しい時代のはじまりを意味するものとなった。

一九六〇年代の高度経済成長とそれを背景とする社会福祉の拡大は永続的なものではありえなかった。一九七三年のオイルショックを契機としてわが国の経済は長期の不況に苦しむようになるが、その間にも生活の都市化、少子高齢化、家族構造の変化などの社会変動にともない福祉ニーズは拡大し続けた。

一九九〇年代後半に一挙に進展することになった社会福祉基礎構造改革は、このような六〇年代以降における社会福祉の変化に対応しようとする試みであった。改めて高度経済成長期の社会福祉の拡大から基礎構造改革に至る社会福祉の系譜をたずね、これからの社会福祉を展望する契機としたい。

一　高度経済成長期の社会福祉

一九六〇年から一九七三年にかけての社会福祉の展開はおよそ次のような変化として集約することができる。第一に、社会保険と福祉サービスの拡大、そしてそれに照応する生活保護の縮減である。第二に、第一の変化の別の側面として、福祉サービスが生活保護から相対的に分離独立しはじめたことである。第三に、福祉サービスの適用範囲が一般階層にまで拡大され、いわゆる普遍化、一般化の傾向をみせはじめたことである。第四に、福祉サービスにおける提供システム、なかでもその組織と方法に関して多様化、多元化の徴候がみられはじめたことである。そして、第五に、第一から第四までの変化を総括するようなかたちで、社会福祉の施設福祉型社会福祉から在宅福祉型社会福祉への萌芽的な移行がみられはじめたことである。

（一）高度経済成長と社会福祉

一九六〇年代から七〇年代初頭にかけて、わが国の社会は未曾有の成長と変動を経験することになった。この時期を通じてわが国の失業人口は著しく減少し、完全雇用ともいえるような状況がうみだされた。

そのような高度経済成長の過程において、失業は貧困や生活障害の原因から大きく後退した。実際、稼働能力をもつ人びとの貧困はかなり減少し、国民所得の水準はそれなりの上昇を示した。けれども、高度の経済成長は、わが国の社会経済システムの基礎的な単位ともいうべき家族・地域社会・産業のありように著しい変動をもたらし、遊び型非行、公害、薬害、事故、寝たきりなど、子ども、障害者、母子家族、高齢者などを担い手とする新たな福祉ニーズをうみだすことになった。

戦後日本の社会福祉における第一の転換点が戦後福祉改革であり、第二の転換点が一九八〇年代半ばにはじまる福祉行革であるとすれば、六〇年代なかんずくその前半の五年間はその中間に位置して、社会福祉がその定礎から拡大へ飛躍する転機の時期として位置づけることができる。その契機は、社会福祉の計画行政化の開始と福祉サービスの防貧施策としての位置づけに求めることができる。[1]

（一）社会福祉の転機①——一般化の萌芽

一九六〇年の暮れ、日米安全保障条約の改定を強行し、社会的に大きな混乱をもたらした岸内閣の後をうけて成立した池田内閣は「国民所得倍増計画」を策定し、国民に「所得倍増」を約束するとともに、一般低所得者層に属する高齢者、身体障害者、知的障害者、そして将来の労働力人口である幼少年層や母子世帯に対する各種の福祉対策の充実を図る必要があると指摘した。そこでは、防貧のための支出が伝染病予防措置になぞらえられ、社会保障や社会福祉が経済合理主義的な観点から自由競争を原理とする経済成長を可能ならしめる手段、あるいは経済成長の極大化の原動力としてより積極的に位置づけられていた。一九六一（昭和三六）年七月、厚生省は「厚生行政長期計画基本構想」を公表し、親族相互間や地域の連帯性が低下するなかで高齢者、身体障害者、知的障害者、母子などのニーズに対応するべき福祉サービスの重要性が一層拡大するという見通しをあきらかにしている。

（二）社会福祉の転機②——救貧から防貧へ

このような状況は、やがて社会福祉の位置づけを明確に変化させる。一九六二（昭和三七）年、社会保障制度審議会は「社会保障制度の推進に関する勧告」を提出するが、そこでは、社会福祉は、対象とする階層の違いという観点から、一般所得階層にたいする社会保険、貧困階層にたいする公的扶助と区別され、低所得階層に対する固有の施策体系として位置づけられている。さらに、機能的な観点から、社会福祉は低所得階層（ボーダーライン層および不安定所得階層）に対応する防貧的施策として、また同時に、一般所得階層の個別的な貧困原因に対応するという意味において、社会保険を補完する防貧的施策として、位置づけられている。

戦後十五年が経過するなかで、社会福祉の受給者にも変化が生じていた。一九六〇年代になると一方において生活保護の受給者が徐々に逓減するなかで、「援護育成を要する者」の存在が一般所得階層や貧困階層とならぶ固有の階層、すなわち低所得階層として把握されうるまでに拡大してきていた。しかも、加齢、障害、母子など個別の状況を契機とする新たな生活問題は、一般階層にとっても無縁なものとはいえず、しかも社会保険をもってしては解決しえない課題であった。社会保障制度審議会の勧告は、このような実態の動向を見極めながら、福祉サービスを生活保護とは区別され、かつ社会保険とは協働する関係に立つ、相対的に固有の体系を構成するものとして位置づけるものであった。

二 福祉サービスの整備——福祉六法体制の成立

（一） 生活障害の形成

経済の復興から拡大再生産局面への転換、さらには高度成長にいたる過程において、社会福祉の対象は著しく変化した。一九四〇年代後半から五〇年代における主要な福祉ニーズは、失業や低賃金の直接的な所産としての貧困問題であった。それにたいして、六〇年代、七〇年代を特徴づける福祉ニーズは、勤労者家族化、核家族化が進行し、地域共同体が弱体化するなかで、傷病者、障害者、高齢者、児童、母子など稼働能力をもたず、雇用の拡大や賃金の上昇という高度経済成長の恩恵に浴する機会に恵まれなかった一群の人びとを担い手に新たに形成されてきた生活上の諸問題、すなわち一九六八（昭和四三）年の国民生活白書や厚生白書の表現を借用すれば「生活障害」であった。

これらの人びとには、経済的な援助に加え、あるいはそれとは別に、それぞれの属性に応じて、疾病・障害・困難を克服、緩和・軽減し、もしくは日常的な生活機能を補完し、また稼働能力を育成・回復させるための施策が必要であった。

こうして、従来の生活保護法、児童福祉法、身体障害者福祉法からなる福祉三法に精神薄弱者福祉法（一九六〇年、現・知的障害者福祉法）、老人福祉法（一九六三年）、母子福祉法（一九六四年現在・母子及び寡婦福祉法）が追加され、ここに福祉六法体制が成立する。

（二）　精神薄弱者福祉法

一九四七（昭和二二）年に成立した児童福祉法は精神薄弱児施設を設置していた。しかし、児童福祉法の制定から十年余を経過した一九五〇年代も後半になると、精神薄弱児やその保護者たちは新たな課題に直面させられることになった。精神薄弱児施設に入所していた精神薄弱児にも義務教育修了年限による退所と自立の時期がせまっていた。一方、農業社会から産業社会へという社会構造の変化は精神薄弱児の就労の機会を著しく縮小させていた。他方、親や兄弟姉妹による私的扶養にも限界がみえつつあった。

精神薄弱者福祉法は、精神薄弱者を対象とする福祉サービスの機関として、精神薄弱者福祉司、精神薄弱者更生相談所を設置することとした。次いで、都道府県知事または市町村長の実施すべき福祉の措置として精神薄弱者福祉司または社会福祉主事による精神薄弱者またはその保護者にたいする指導、精神薄弱者援護施設への入所もしくは紹介の措置、職親にたいする援護の委託措置、を規定していた。

（三）　老人福祉法

高度経済成長期の技術革新の進行は、生産技術革新への適応性に欠ける高齢者を労働市場から排除し、より劣悪な労働環境に追い込むなど、その生活基盤を不安定化させた。また、産業化の進展は農山村における人口過疎と都市の人口過密をもたらし、高齢者の生活を支えてきた伝統的な私的扶養の体系を崩壊させた。しかし、それまで高齢者にたいする施策は生活保護法による養老施設以外には存在していなかった。しかも、その養老施設は第一義的には最低生活を維持しえない状況にある高齢者のための施設であった。

老人福祉法は、老人福祉に関する業務を行う専門職としての「老人福祉の業務に従事する社会福祉主事」の設置、老人福祉の業務に関連し福祉事務所および保健所のなすべき業務内容について規定したうえで、福祉の措置として健康診査、老人ホームへの収容等、老人家庭奉仕員による世話、老人福祉の増進のための事業の四点を規定した。また、養老施設を受け継ぐ施設の体系化を図り、養護老人ホーム、特別養護老人ホーム、軽費老人ホーム、老人福祉センターの四種類をもって老人福祉施設とした。

（四）母子福祉法

高度経済成長の過程において改めて、しかもかつてとは多少とも異なった問題として登場してきたのは母子家族（家庭）の問題である。よく知られているように、戦後のわが国において母子家族の問題が社会問題化したのは、何よりも戦争未亡人と遺児の生活困窮の問題としてであった。この意味での母子家族問題は、戦後も十数年を経過する過程において、徐々に緩和されていった。高度経済成長の進行するなかで、戦争未亡人と遺児という母子家族に代わって新たに社会問題化してきたのは、一般的な疾病による死別や離婚による生別に起因する母子家族の問題であった。

母子福祉法は一九五二（昭和二七）年に制定された母子福祉資金の貸付等に関する法律を拡大発展させたものである。母子家族による相談に応じ、自立を援助する職員として母子相談員を設置することとしたほか、福祉の措置として母子福祉資金の貸付のほかに公共施設内における売店等の設置の許可、専売品販売の許可、公営住宅の供給に関する特別の措置、母子家庭の母および児童の雇用に関する協力を追加した。また、新たに母子福祉施設として、母子福祉センター、母子休養ホームを設置しうることとした。

なお、この時期には、これら精神薄弱者福祉法、老人福祉法、母子福祉法以外に、関連する立法として、一九六一（昭和三六）年に児童扶養手当法、一九六四（昭和三九）年には重度精神薄弱児扶養手当法（一九六六（昭和四一）年に特別児童扶養手当法に改称、現・特別児童扶養手当等の支給に関する法律）が制定されている。児童扶養手当法の制定は、国民年金法の制定による年金制度の整備にともなう措置であり、生別母子家族にたいして、遺族・遺児年金の支給を受ける死別母子家族にみあう経済生活の保障を提供することを意図したものであった。重度精神薄弱児扶養手当法の制定は、一九六四（昭和三九）年に精神薄弱児施設に重度精神薄弱児収容棟が設置されたことに関連してとられた措置であり、重度棟の整備の遅延その他の事由で、居宅で重度精神薄弱児を扶養する保護者にたいして手当を支給する制度として発足した。

三　福祉国家へのキャッチアップ

一九六五年以降、高度経済成長後期を迎え、わが国の政策は「経済成長と社会開発の均衡のとれた経済社会の発展」をめざす方向に大きく軌道修正が試みられた。厚生省は「厚生行政の課題」のなかで社会開発の必要性と重要性に言及し、それを構成する施策として住宅、医療、社会保障、保健衛生、社会福祉、教育などを挙げ、その推進を提唱した。わが国においても、社会保障や社会福祉を中軸的とする「福祉国家」体制の建設が現実的な政策課題として日程に上せられるようになってきたのであった。たとえば、一九七〇（昭和四五）年一月の経済審議会社会保障小委員会「社会保障の充実とその体系的整備」は、社会保障の基本的発展方向の第一に「経済発展による国民生活水準の向上に相当する社会保障の水準を確保する」ことを挙げている。

（一）社会福祉施設緊急整備五カ年計画

社会福祉施設の充実という課題は、個別領域別にはそれ以前の経済計画や福祉計画においてもたびたび言及されてきていた。そのなかで、総合的なかたちでその必要性を指摘したのは、一九六五（昭和四〇）年の経済審議会「中期経済計画」の「社会資本分科会報告」であった。「社会資本分科会報告」は、厚生福祉施設整備の基本的な考えかたに言及したなかで、同計画期間中には精神薄弱児、肢体不自由児、精神薄弱者、母子家庭、老人等の福祉を向上するための施設の整備に重点をおくことをあきらかにしている。また、同報告は保育所についても計画的にその普及を図る必要があるとしている。

中央社会福祉審議会の「社会福祉施設の緊急整備について」は、このような経済計画の進行状況と密接な関連をもちながら、策定されている。「答申」は、社会福祉施設の緊急整備の必要性を説き、計画の策定にあたっては、寝たきり老人や重度の心身障害児（者）のための施設および保育所の整備に重点をおくこと、計画策定にあたっては整備目標を明定することを求めた。また、整備上の留意事項として、社会福祉施設体系の整備、国や地方公共団体による整備に加えて、民間社会福祉事業を活用すること、施設経営および経営の近代化・効率化を図ることを指摘している。

厚生省は、このような「答申」にもとづき、「社会福祉施設緊急整備五カ年計画」を策定した。この「計画」は、一九七一（昭和四六）年度を初年度とする五か年間の計画であるが、積算の基準となる一九七〇（昭和四五）年度末の数値と計画達成年次における目標数値とが各施設種別ごとに利用者定員の総数によって明示されている。

（二）　社会福祉単独事業の発展

他方、社会福祉の提供システムという側面では、地方自治体による社会福祉単独事業が登場してきた。それまでの地方自治体による社会福祉施策は機関委任事務による中央直結型であった。一九六〇年代から七〇年代にかけて発展した地方自治体による社会福祉単独事業は、そこにいわば自治体主体型、住民サポート型の施策をもち込むことになった。社会福祉単独事業は、機関委任・団体委任事務方式を流動化させる契機となった。同時に、社会福祉単独事業は、住民の需要・要求と直結したことによって自治体先導・住民参加の機会を切り開き、社会福祉における分権化と地域化の端緒としての意味をもった。

さらに、処遇の方法という側面では、一九六〇年代後半のコミュニティ政策とも関連しながらコミュニティケア（在宅ケア＝在宅福祉サービス）の萌芽的な展開がみられた。わが国では、コミュニティケアは当初インスティテューショナルケア（＝施設ケア）と対置される処遇の形態、すなわち在宅ケアとして理解され、インスティテューショナルケアを補完・代替する施策として発展した。コミュニティケアを促進した要因は、一つには障害児・者領域における施設収容主義に対する反発・批判であり、いま一つには施設ケアによる対応能力を超えるほどの顕著な老人福祉ニーズの拡大であった。

（三）　福祉元年

わが国の社会保障の充実を求める政策は、一九六〇年代の後半、西欧先進諸国における社会保障水準へのキャッチアップを志向するというかたちではじまり、一九七〇年代の初頭には、少なくとも形式的には、この目標は達成されえたものとみなされた。一九七三（昭和四八）年初頭には、わが国の社会に培われてきた潜在的成長力と活力を活かす「活力ある福祉社会」の建設という独自路線への転換が提起された。

しかし、その「福祉元年」ともよばれた一九七三年は、同年一〇月のオイルショックの勃発とともに、一挙に暗転することになった。景気の低迷に引き続く低成長期の到来とともに、従来の政策を特徴づけてきた西欧先進国並みの社会保障・社会福祉の実現、すなわち福祉国家の建設という構想は一挙に放棄されてしまい、わが国の社会福祉施策は「日本型福祉社会」の構築という方向に大きく舵を切ることになったのである。(2)

四　基礎構造改革の背景

次の課題は、直接的には一九八〇年代から二〇〇〇年代初頭にかけての「社会福祉基礎構造改革」の過程について総括的に分析し、その意義をあきらかにすることにあるが、まずその前提として八〇年代から九〇年代にかけての二十年間に生起した社会的、経済的、政治的、文化的変動のもつ世界史的な意義について整理しておきたい。

（一）「市場の失敗」と福祉国家の形成

一九八〇年代から九〇年代にかけて生起した社会的変動の経過と意味を十全に理解するためには、ひとたび現代の事象から離れ、二〇世紀の社会と歴史を準備した一九世紀後半のヨーロッパ社会の歴史に遡及しなければならない。

一九世紀において確立し発展した資本主義は人類社会に大きな生産力をもたらし、それによって巨大な富が蓄積された。しかし、資本主義はその一方において大衆的な失業、生活不安と窮乏、傷病や障害、犯罪や非行、不衛生と密住などの広汎で深刻な社会問題をうみだした。これにたいして、社会主義が、資本主義の確立と発展のもたらした負の所産を批判し、その根源的な克服を意図する思想、そして社会運動として登場してきた。

このような社会主義の理念と思想は、第二次世界大戦後になると、植民地の解放が進むなかで、ソビエト連邦を中核に社会主義体制をとる国々を多数誕生させた。しかし、社会主義の理念と思想は、社会主義体制をとる国々においてのみ追求されてきたのではない。それは、ある意味において、資本主義体制をとる国々においても形を変えて追求されてきた。福祉国家体制の構築は、社会主義理念の実現が社会主義体制によらずとも、さらにいえば社会主義体制におけるよりも十全なかたちで可能であることを、社会主義体制をとる国々にたいして、また資本主義諸国内部の社会主義的諸勢力にたいして立証し、資本主義と民主主義の経済・政治システムとしての優越性を強調しようとしたものであった。

（二）「政府の失敗」と市場原理への回帰

しかし、このような社会主義と資本主義の相剋という二項対立的な構造は、一九八〇年代末から一九九〇年代初頭にかけての東欧＝ソビエトロシア社会主義体制の瓦解とともに終焉の時期を迎えることになった。社会主義体制の瓦解はしばしば社会主義にたいする資本主義の勝利を意味するものとして喧伝される。しかし、この時期に危機的状況に追い詰められていたのは決して社会主義体制ばかりではなかった。むしろ、東欧＝ソビエトロシア社会主義体制の瓦解に一歩先立つかたちで、資本主義体制の内部においてもある種の崩壊現象が進行していた。一九七〇年代の半ば以降、イギリスやアメリカを中心に、先進資本主義諸国においては景気の停滞と低迷が続き、物価上昇と失業が顕在化しつつあった。福祉国家体制は市場原理と小さな政府への復帰を提唱する新自由主義者や新保守主義者たちによる鋭い批判にさらされ、改革のやり玉にあげられていた。

一九世紀から二〇世紀にかけての世紀転換期において「市場の失敗」にたいする批判を拠り所に世界の表舞台に登場し

てきた社会主義体制も、またそれに対抗しつつ自己変革を続けてきた資本主義体制も、「市場の失敗」が批判の対象になりはじめた時期からおよそ一世紀を経過した一九八〇年代から九〇年代にかけて「政府の失敗」にたいする責任を問われることになった。社会主義の瓦解と資本主義の停滞にたいする処方箋は、いずれも利潤極大化と自由競争から構成される市場原理の導入あるいはその復活と活性化、規制の緩和と世界標準化、分権化の促進、そして自助（生活個人責任）原則の強化であった。

（二）条件整備国家への転換

こうした状況のなかで一九八〇年代から九〇年代にかけて国家の役割についての考えかたは大きく変化してきた。それを一言にしていえば、「保護介入国家」（インターービーナー）から「条件整備国家」あるいは「環境整備国家」（イネイブラー）への転換である。国家あるいは政府の役割を、経済や社会、さらに家族や個人の領域に介入し、保護するという役割から経済、社会、家族、そして個人がそれにかかわる事柄を自らの責任において処理するように、またその能力を身につけるように側面から支援し、環境条件を整備するという役割に転換することが求められた。このような国家観の転換は、社会福祉の世界にのみみられたわけではない。こんにち、保護介入国家から条件整備国家への転換は一つの政治的かつ社会的な趨勢として、社会のあらゆる領域において受容されている感がある。

かつて国家は資本主義的な生産関係と景気変動、そこからうみだされる労働問題や社会問題のよき調停者であり、また国民に対する保護者であるとみなされてきた。しかし、一九七〇年代に始まる経済の長期的停滞、財政状況の悪化、さらには一九八〇年代後半の冷戦構造の崩壊という新たな経済的政治的状況の出現が事態を反転させ、国家にたいする期待は大きく後退し、再び個人や家族、個別企業の自助的活動と責任が強調されはじめた。他方、福祉国家体制については別の観点からの批判も提起された。福祉国家体制は中央集権主義と官僚制の肥大を招き、当初に期待された課題を達成していない、それどころか逆に市民生活に混乱をうみだしている、というべき福祉国家にたいする内在的な批判である。一九世紀末以来、社会福祉は地方自治体レベルの課題から国レベルの課題に引き上げられ、同時に民間（私）領域における課題から行政（公）領域の課題に移転させられた。この国を基軸とする社会福祉システムは第二次世界大戦以後の福祉国家体制のなかで強固な体制として確立される。しかし、そのような福祉国家は果たして期待された成果をもたらしたであろうか。逆に、福祉国家は福祉集権主義や福祉官僚主義をもたらし、当初に期待された機能を果たしてこなかった。ここでの処方箋もまた保護介入型国家から条件整備型国家への転換である。

五　行財政改革から基礎構造改革へ

（一）　社会福祉にかかわる行財政改革

社会福祉基礎構造改革という名辞が登場し、政治的ならびに理論的なイシューとなったのは一九九七年以降のことであるが、中長期的にみるとその起点は一九八〇年代半ばの行財政改革まで遡及することができる。すなわち、社会福祉基礎構造改革の端緒は一九八一（昭和五六）年の第二次臨時行政調査会（第二臨調）の「緊急答申」に求められる。この「緊急答申」のねらいは右肩上がりの高度成長から低成長への転換に起因する財政の逼迫、国債依存の拡大、行政組織の肥大化、社会保障・社会福祉関係予算の膨張を国有企業の民営化、規制緩和によって打破することにおかれていた。この時期には後の社会福祉のありように大きな影響を及ぼす施策が矢継ぎ早に成立している。一九八二（昭和五七）年の老人保健法、一九八五（昭和六〇）年の国の補助金等の整理及び合理化並びに臨時特例等に関する法律、一九八六（昭和六一）年の地方公共団体の執行機関が国の機関として行う事務の整理及び合理化に関する法律、一九八七（昭和六二）年の社会福祉士及び介護福祉士法である。

他方、一九八九（平成元）年には「ゴールドプラン（高齢者保健福祉推進十か年戦略）」、ついで一九九四（平成六）年には「エンゼルプラン」と「新ゴールドプラン」、一九九五（平成七）年には「障害者プラン」が策定されている。また、その間、一九九〇（平成二）年には老人福祉法等の一部を改正する法律が制定され（福祉関係八法改正）、一九九五（平成七）年には精神保健及び精神障害者福祉に関する法律（精神保健福祉法）が成立している。高齢者、児童、障害者のそれぞれのカテゴリーごとに保健福祉計画ないし福祉計画が策定されたことは、社会福祉における計画行政のはじまりを物語っている。福祉関係八法改正の内容は、従来都道府県の団体（委任）事務となっていた老人福祉、身体障害者福祉に関する事務権限を市町村に委譲すること、県や市を主体とする福祉サービスの費用について国がその一部を年々の予算措置として補助するという方式から国の制度として法律措置による補助金を支給するという方式に変更したこと、社会福祉協議会に地区社会福祉協議会の制度を追加したこと、都道府県・市町村に老人保健福祉計画の策定を義務づけたことなどであった。精神保健福祉法は精神障害者を社会福祉の対象に位置づけるものであり、わが国の精神障害者施策の大きな転換を意味した。

（二）一九八〇年代福祉改革（福祉行革）の諸相

このような一九八〇年代から九〇年代半ばまでの福祉改革は、社会福祉の①普遍化＝利用者の一般階層化、②多元化＝民間非営利部門やシルバー産業・チャイルドビジネスなどの民営部門の参入とその拡大、③分権化＝地方自治体の権限と責任の拡大、④自由化＝脱規制化・規制緩和、⑤計画化＝社会福祉行政や民間地域福祉活動の計画化・計画行政化、⑥総合化＝保健・医療・教育・雇用・住宅・消防・人権擁護など関連領域との連携調整の強化、⑦専門職化＝社会福祉士・介護福祉士制度の発足、⑧自助化＝自助努力・受益者負担の重視、⑨主体化＝住民主体・住民参加の促進、⑩地域化＝在宅福祉サービス中心の社会福祉への転換、として整理することができる。

これら一九八〇年代福祉改革の諸相は相互に不可分に結びついているが、なかでも重要な意味をもつのは、多元化、分権化、計画化、総合化、そして地域化である。

社会福祉の多元化とは、従来の国や自治体、社会福祉法人を中心とする福祉サービスの提供組織が、福祉公社などの行政関与型の提供組織や相互扶助団体や生活協同組合などの市民組織型の提供組織を含むものに拡大してきたことを意味している。さらにこの時期、社会福祉の周辺部分には、シルバーサービス産業やチャイルドビジネスなどの営利型の民営サービス提供組織が形成されはじめている。

社会福祉の分権化は、福祉サービスの提供にかかわる権限の市区町村への委譲を意味する。一九八六（昭和六一）年には福祉サービスの提供にかかわる事務が機関委任事務から団体（委任）事務に移された。一九九三（平成五）年には高齢者および身体障害者福祉サービスにかかわる権限は全面的に市区町村に移管された。

社会福祉の計画化は、社会福祉行政の後追い行政から計画行政への転換を意味する。一九八九（平成元）年の高齢者保健福祉推進十か年戦略は計画化の嚆矢である。一九九〇（平成二）年には都道府県および市区町村に老人保健福祉計画の策定が義務づけられた。

社会福祉の総合化は、従来、雇用、教育、住宅、保健、医療、司法、人権擁護など個別に展開されてきた生活支援施策を社会福祉を核に総合・統合化して推進することを意味している。

社会福祉の地域化とは、施設入所型の社会福祉から地域福祉型の社会福祉への転換である。

（二）　基礎構造改革の展開

基礎構造改革という名辞の初出は一九九七（平成九）年の社会福祉事業等の在り方に関する検討会「社会福祉の基礎構

造改革について（主要な論点）」である。翌年には、内容的にこの在り方検討会の報告を継承する中央社会福祉審議会社会福祉構造改革分科会が「社会福祉基礎構造改革について（中間まとめ）」と「社会福祉基礎構造改革を進めるに当たって（追加意見）」を公表している。一九九九（平成一一）年には「社会福祉の増進のための関係法律（仮称）制定要綱」が策定され、それが二〇〇〇（平成一二）年五月には社会福祉の増進のための社会福祉事業法等の一部を改正する等の法律として実体化されている。

しかし、このような経過をたどった基礎構造改革は、実質的には、一九九三（平成五）年に現・厚生労働省に設置された「保育問題検討会」において措置方式から利用（契約）方式への転換について議論が行われた時期にはじまっており、その結果が一九九七年の児童福祉法改正である。同様に、介護保険制度導入についての議論は一九九四（平成六）年に現・厚生労働省に高齢者介護対策本部が設置された時期にはじまり、それが一九九七年の介護保険法の制定に結びついている。

こうしてはじまった基礎構造改革の成果が社会福祉事業法等の改正であるが、一九八〇年代以来の改革を継承し発展させることを意図したその内容は概略以下の通りであった。

◆社会福祉事業法関係

・名称が社会福祉事業法から社会福祉法に改称
・社会福祉事業から公益質屋に関する事項を削除し、新たに九つの事業を追加
・社会福祉法人設立条件ならびに経営基準の緩和
・情報開示
・社会福祉施設における苦情解決制度の導入等の改善
・福祉サービス利用支援・サービス内容評価の推進
・地域福祉計画の策定

・社会福祉協議会の構成原理や社会福祉協議会設置要件の改変等地域福祉の推進

◈身体障害者福祉法関係

・新規事業の追加

・市町村による情報提供・利用の調整

・支援費支給制度の導入

◈知的障害者福祉法関係

・新規事業の追加

◈児童福祉法に関する事項

・新規事業の追加

・児童委員の役割強化

・児童居宅支援費制度の導入

・助産施設・母子生活支援施設に対する利用方式の導入

◈民生委員法関係

・住民の立場に立つことを理念として明確化

・民生委員の事業として利用支援情報の提供を追加

・名誉職規定の廃止

六　基礎構造改革の評価

基礎構造改革の成果の一つは、福祉サービス提供事業者の多元化と多様化、情報の提供と開示、サービスの第三者評価、介護支援専門員制度、苦情対応制度、地域福祉権利擁護事業（福祉サービス利用援助事業）などの、自立生活支援のための施策を導入したことである。

これらの改革は、従来の福祉サービスが職権主義に基づき、利用者によるサービス利用の申請権、サービスの選択や自己決定を認めなかったことにたいして利用者の人権と尊厳を確保し、その地域社会における自立生活の支援を可能にするための改革であるとされてきた。利用者のサイドからみても、基礎構造改革は、その立場を改善し、尊重する利用者民主主義の進展として期待された。その意味で、改革にたいする期待は大きかった。しかし、その後の展開は改革が必ずしも期待されたような性格のものではなかったことを示している。逆に一部、利用者の切り捨てなど人権や尊厳を損ないかねないような状況がもたらされている。

そのことは、一連の改革が、大きな政府から小さな政府へ、保護介入国家から条件整備国家への転換という、ポスト福祉国家状況の大きな潮流のなかで推進されてきたことにかかわっている。戦後の福祉サービスは貧困階層対策から出発し、貧困への落層を防止する低所得階層対策を経て一般階層対策に発展してきた。このような転換は福祉サービスの利用可能範囲の拡大としてとらえれば歓迎されるべきこととされる。しかし、基礎構造改革は利用者民主主義を促進する施策としての側面と、社会保険技術を媒介とする福祉サービスの準市場主義化を支え、促進するための施策としての側面をあわせもっている。

基礎構造改革によって導入された諸施策には、福祉サービスの利用者を市場一般において商品の購買者として、その販売者と対峙し自己の意志と判断によって商品を吟味、選択し、売買の契約を行い、その経過と結果に責任を負うことのできる消費者、さらにいえば市場経済を基盤とする市民社会の主体としての市民の立場に可能なかぎり近づけようとする施策としての意味合いが期待されている。しかし、それによって福祉サービスの利用者すべての自立生活が可能になるわけではない。大多数の利用者にとって自立した生活を維持し続けるには、福祉サービスの積極的な利用が不可欠とされる。市民社会を構成する市民のすべてがつねに市場原理の求める自己完結的な行為者（強い個人）でありうるわけではない。これからの社会福祉にはそのことを十分に踏まえた制度設計、そして運用のありかたが求められる。[(3)]

〔註〕

(1) 戦後社会福祉史の通史的な分析としては、拙稿「戦後日本における社会福祉サービスの展開過程」(東京大学社会学科研究所編『日本の社会と福祉』東大出版会、一九八五年、所収)も参照されたい。

(2) 七〇年代社会福祉の動向については、拙稿「社会福祉の拡大と動揺——七〇年代の動向素描」(日本社会事業大学編『社会福祉の現代的展開』勁草書房、一九八六年、所収)も参照されたい。

(3) 二〇世紀から二一世紀へ世紀転換期のわが国の社会福祉に冠する研究としては、一番ヶ瀬康子・高島進・高田真治・京極髙宣編『戦後社会福祉の総括と二一世紀への展望　総括と展望』(ドメス出版、一九九九年)、三浦文夫・高橋紘士・田端光美・古川孝順編『戦後社会福祉の総括と二一世紀への展望　政策と制度』(ドメス出版、二〇〇二年)、拙稿「社会福祉基礎構造改革」(右田紀久恵・高澤武司・古川孝順編『新版　社会福祉の歴史』有斐閣、二〇〇一年、所収)などがある。

第十二章 自立と自律
――社会福祉の新たな理念――

二一世紀における社会福祉の理念は、「個人が人としての尊厳をもって、家庭や地域の中で、障害の有無や年齢にかかわらず、その人らしい安心のある生活が送れるよう自立を支援すること」（社会福祉構造改革分科会「社会福祉基礎構造改革について（中間まとめ）」）が求められる。この理念はすでに社会福祉の世界に広く受容されている。それでは、自立や自立生活とはどのような理念であり、思想であろうか。(1)

一 自立と自律

（一） 二つの自立言説

自立ないし自立生活支援ということにかかわって相互に類似しているかにみえて明らかに背景と意味を異にする言説がある。その一つは、生活保護法がその目標として最低生活の保障とともに自立の助長を掲げている理由にかかわる言説（言説A）である。

最低生活の保障と共に自立の助長ということを目的のなかに含めたのは、

「人をして人たるに値する存在」たらしめるには、単にその最低生活を維持させるというだけでは十分でないからである。凡そ人はすべて、そのなかに何等かの自主独立の意味において可能性を包蔵している。その内容的可能性を発見し、これを助長育成し而してその人をしてその能力に相応しい状態において、社会生活に適応させることこそ、真実の意味において生存権を保障する所以である。(2)

次は、障害者たちのセルフヘルプグループのホームページに掲げられている自立(生活)にかかわる言説(言説B)である。

自立(生活)とは、そこに住むか、いかに住むか、どうやって自分の生活をまかなうか、を選択する自由をいう。それは自分が選んだ地域で生活することであり、ルームメートを持つか独り暮らしをするか自分で決めることであり、自分の生活——日々の暮らし、食べ物、娯楽、趣味、悪事、善行、友人等々——すべてを自分の決断と責任でやっていくことであり、危険を冒したり、過ちを犯す自由であり、自立した生活をすることによって、自立生活を学ぶ自由でもある。(3)

言説Aはわが国の現行生活保護法の制定を準備した人びとの中心にいた小山進次郎のものである。言説Bは全国自立生活センター協議会がアメリカの障害者問題の専門雑誌(『リハビリテーションギャゼット』)から翻訳引用しているものである。両者はいずれも自立について語っている。しかし、その意味するところは相当に異なっている。

（二）　自立と自律

言説Aにおいては、自立は、人びとのもつ自主独立の内容的可能性を発見し、それを助長育成して、その人びとの能力に応じる状態において社会に適応させることである。言説Bにいう自立は、障害者たちが施設や親の庇護のもとでの生活という不自由な状態から抜け出し、望む場所に住み、望むサービスを利用しながら、当たり前のことが当たり前にできるような普通の人生を暮らすことを意味している。

言説Aにいう自立の思想は、一定の歴史的な限界を内包しつつも、こんにち的にみて十分説得力をもちえている。しかし、残念なことには、小山進次郎が「自立助長を目的にうたった趣旨は、そのような調子の低いものではない(4)」と否定しているにもかかわらず、言説Aの自立は、その後の生活保護行政のなかで自立助長という熟語のなかに埋没させられ、惰民防止の思想としてねじまげられた。実際、言説Aにいう自立は、自助的、自己責任主義的な意味においてもちいられてきた。

言説Bにいう自立は、アメリカの障害者たちによる自立生活運動のなかで形成されてきた思想である。自立生活運動でいう自立は、英語ではインディペンデントである。日本語の自立は「他の援助や支配を受けず自分の力で身を立てること」（広辞苑）である。言説Aの自立はこれにあたる。それにたいして、言説Bの自立はむしろ「自身の立てた規範に従って行動すること」（広辞苑）を意味する「自律」に近い。敷衍していえば、危険を冒すことを含め、決定したことに責任を負うことのできる主体者として自分の人生を自分なりに生きることである。その意味で、言説Bの自立には自律という語がふさわしい。そこには、言説Aにいう意味での自立への言及はみられない。

二　自立と自律の統合

それでは自立と自律は別のものであろうか。言説Aにいう自立に言説Bにいう自立、すなわち自律を含めることは可能であろう。自律のない自立は考え難い。しかし、言説Bにあてはめた自律を自助的な自立に置き換えてみると、そこでは「自分の力で身を立てる」という要素は成り立ち難い。実際、すべての障害者に「自分の力で身を立てる」ことを期待することは現実的ではない。そのことを前提にすれば、障害者の自律は成り立ちえない。ここで重要な意味をもつのが自助的自立と依存的自立という視点である。

（一）　自助的自立

自助的自立とは、生活者（生活主体）の自己決定と自己責任にもとづいて確保される生活手段（生活資料とサービス）のみによって、その生命ならびに活力が維持・再生産されている状態のことである。自分の力で身が立っている状態である。言説Aにいう自立の背景にあるのは、端的にいえばこの意味での自助的自立である。

生活保護を中心とする社会福祉の世界で自立助長という場合、それは、他者や社会福祉制度にその生活を依存するおそれのある、あるいは現に依存している生活者を、他者や社会福祉制度に依存することなしに生活を維持しうるような状態に方向づけ、援助することを意味している。[5]自立自助、自立助長にいう自立は、他者や社会制度に依存して維持される生活の対極にあるものとして認識される。それが一般的である。

さらに、このような自助的自立という観念、すなわち自己決定と自己責任にもとづく生活の維持という観念は、社会福祉の領域に固有なものではない。それは資本主義的経済システムをとる近代市民社会に普遍的な生活自己責任（生活自助）原則の別の表現である。それだけに、自助的自立という観念は、こんにちにおいても社会一般に広く受容されやすい観念である。自立生活を他者や社会福祉制度に依存することなしに生活を維持することのできる状態、自分の力で身を立てることのできる状態、としてとらえ、そのような方向に援助することをもって社会福祉の理念、目標とみなす傾向には根強いものがある。

（二）　依存的自立

このような自助的自立の概念にたいして、依存的自立とは、たとえ生活の一部を他者や社会福祉制度に依存していたとしても、生活の目標や思想信条、生活の場、生活様式、行動などに関して可能な限り生活者自身による自己選択権や自己決定権が確保されている状態、自分自身で決定し、決定したことに責任を負うことのできる存在、として自分自身の人生を生きることのできる状態を意味している。

たとえ、身体に機能の不全があっても、それが装具や車いすその他の生活機器の給付や貸与という社会福祉制度を利用することによって補強あるいは代替され、日常の生活が確保されるならば、障害のある人びとにも自立生活を維持することは十分に可能である。退職によって経済的な自立を喪失した高齢者であっても、老齢年金の受給や生活保護の適用によって日常の生活が確保されれば、そこには自立生活が成り立っている。

（三）　依存と自立の連続性

自助的自立という観点に立てば、このような装具や車いすの活用、老齢年金や生活保護の利用を前提とする生活は、活用する、利用するといってみてもやはり依存的な生活であることに変わりはない。一般には自立した生活とは認められ難いであろう。それは、自助的自立という観念が実体概念というよりも規範概念として作用しているからである。自助的自立の観念には、近代市民社会を構成する市民は誰しもが自助的に自立した生活が可能であり、他者や社会制度に依存する生活は例外的な場合であるという認識が含まれている。そのような観点からいえば、社会福祉の利用者については可及的速やかに依存状態から離脱することが求められる。そこでは自助的自立を助長する施策の必要性が強調されざるをえない。

しかし、人間はいつでも自助的自立の状態にあるわけではない。むしろ、人びとは、その生涯を通じて幼弱、傷病、障害、高齢その他のリスクによって常に自助的自立を脅かされ、他者や社会制度に依存せざるをえない状態におかれている。さらにいえば、人びとの生涯のうち、自助的自立を維持しうる期間は限られている。人間の一生のうち、自助的自立が可能にみえるのは、青壮年期のほんの一時期に過ぎない。人びとは、その生涯を通じて、さまざまの程度において他者や社会制度に依存して生活している。

現代社会に生きる人びとの生活は、相対的にみて自助的自立の状態に近いといえそうな青壮年期を頂点に、その両端にはほぼ全面的に他者やあれこれの社会制度に依存せざるをえない幼弱期と高齢期をもっている。人びとの生活は、潜在的また顕在的に、多様な場面と程度において他者や社会制度への依存を不可避とする状態にある。人間はそのような存在として理解されなければならない。

このような観点からいえば、社会福祉における「自立生活支援」という理念は、自助的自立の助長という文脈を離れ、他者や社会福祉制度にたいする依存を前提に、すべての人びとに選択と自己責任の権利（市民的権利）、そして人にふさわしい生活の保障（社会的権利）とを同時的に保障することを意味する「依存的自立の支援」という文脈において追求され、実現される必要がある。(6)

三　自立概念の再構成

(一)　自立の構造

次に、自立の内容的な側面について検討する。通常、自立は、身体的自立、心理的自立、社会関係的自立、経済的や職業的自立などの領域ごとに、そしてまた、それらの総体としてとらえられている。このような自立のとらえかたは多分に心理学や社会学の知見を反映したものといえよう。もとより、社会福祉の固有の概念としての自立や自立生活について考えるうえでも、心理学や社会学の視点や方法は有用性をもっている。しかし、社会福祉において自立論を展開するにはそれだけでは不十分である。

筆者は、社会福祉における自立の意味を論じるにあたり、三通りの視点を設定することにしたい。第一に、自立の類型として前出の身体的自立、心理的自立、社会関係的自立、経済的自立に人格的自立（全人的自立、すなわちperson as a wholeとしての自立）を加え、かつ身体的自立から経済的自立までを道具的自立、最後の人格的自立を目的的自立として位置づける。第二に、自立の各類型の意味とそれが獲得され、あるいは喪失される過程と機序を社会的な文脈のなかでとらえる視点を導入する。第三に、ここでいう道具的自立の他者や社会制度による補強や置き換えという視点である。

(二)　道具的自立と目的的自立

自立と呼ばれる状態は、身体的自立、心理的自立、社会関係的自立、経済的自立、そして人格的自立に類型化が可能である。このうち、身体的自立から経済的自立までは道具的自立として、最後の人格的自立は目的的自立として、それぞれ位置づけられる。

身体的、心理的、社会関係的、経済的な自立を獲得することは、人びとが現代社会を構成する市民としてその生活を維持し続けるうえで不可欠とされる要件である。しかし、身体的、社会関係的、経済的な自立は、人びとが生きるうえでの必要条件ではあっても十分条件ではない。身体的、社会関係的、経済的な自立の達成は一般的にいえば望ましいことであり、必要なことである。けれども、人びとが生命と活力を維持再生産し、成長発達することの意味は、身体的、社会関係的、経済的な自立を達成することそのことにあるのではない。個々の領域における自立が人びとが生きることの目的であるとすれば、傷害や疾病、高齢、失業などのために身体的、心理的、社会関係的、経済的な自立を十全に達成ないし維持しえない多くの人びとにとって、生きるということは何を意味するのであろうか。

人びとには、身体的、心理的、社会関係的、経済的な自立の程度や態様を超えて、全人格、全存在をかけて達成しようと希求する目標が存在する。それがすなわち、人格的（全人的）自立である。身体的、心理的、社会関係的、経済的な自立は、人びとがそのような人格的自立を達成するための手段的、道具的自立である。それらは、人びとがその生活を自ら決定し、制御し、自己の実現を求めて努力しうる状態を達成し、維持するための道具的手段であるに過ぎない。

人格的自立を実現し、維持すること、そのことが人びとが生きることの目標であり、また生きがいそのものである。身体的、心理的、社会関係的、経済的な自立を道具的自立とみなし、人格的自立を目的的自立というのは、この意味においてである。すでに明らかなように、ここでいう人格的自立は障害者たちが獲得することを目標として設定している自立に照応するものである。人格的自立の中核に位置するのは、「自身の立てた規範にしたがって行動する」という観念である。その意味において、人格的自立は障害者だけの願いではない。それは、すべての人びとにとっての目標である。ただ、障害者に限らず、他人や社会制度の支援を受けずして人格的自立を達成するのは容易なことではない。

（二）　自立の獲得と喪失

人びとはその誕生の時点においては経済的、社会関係的にはもとより、身体的にも心理的にも全面的に他者に依存する存在である。人びとは、その後の成長の過程において、身体的、心理的、社会関係的、経済的な自立をほぼその順序にしたがって獲得し、人格的自立を達成する。人びとが成長とともに、身体的、心理的、社会関係的、経済的な自立を達成することは、人びとが一人前の人間として生き、生活を維持するうえで達成されなければならない発達課題とみなされる。しかし、人びとは成長の頂点において老化の過程をたどりはじめる。加齢による心身機能の衰退や社会関係の喪失は人間にとって不可避的な過程である。一般に、人びとは加齢とともに、ほぼ経済的自立、社会関係的自立、心理的自立、身体的自立の順で自立の状態を喪失する。身体の状況によっては人格的自立の喪失も経験する。

他方、人びとは傷病、障害などの何らかの理由で身体的、心理的、社会関係的、経済的な自立を十全なかたちで達成しえなかったり、事故、傷病、失職、退職などのために身体的、心理的、社会関係的、経済的な自立の一部やそのすべてを喪失することがある。しかし、それによって自立生活が全面的に崩壊してしまうというわけではない。

傷病、障害、高齢などのために人びとが自立の一部を達成しえなかったり、一度達成した自立の一部あるいはすべてを喪失した場合であっても、その部分について、それに代わるべき道具的手段が確保されうるならば、人びとはそのような自立の道具的条件の不全を超えて人格的自立を達成し、あるいは維持することが可能である。たとえば、下肢機能に障害のある人びとは装具や車いすの貸与という社会福祉制度に依存することによって、十分であるとはいえないまでもアクセシビリティという人格的自立を実現する条件の一つを充足することができる。高齢による所得の喪失による経済自立の危機については年金制度による補強や代替が可能である。このようにして実現される自立がほかならぬ依存的自立である。自立生活の支援を二一世紀の社会福祉の理念とするとき、そこにはこのような意味での自立が含まれていなければならない。

〔註〕

(1) 自立あるいは自立生活とは何か、という問題を初めて系統的に論じたのは、仲村優一・板山賢治編『自立生活への道――全身性障害者の挑戦』(全国社会福祉協議会、一九八四年)であった。われわれも早くから自立・自立生活に関心をもち、すでに拙著『社会福祉学序説』(有斐閣、一九九四年)においても、言及しているが、まとまった議論としては拙稿「社会福祉基礎構造改革と援助パラダイム」(古川孝順、副田あけみ編『社会福祉21世紀のパラダイム――方法と技術』誠信書房、一九九九年、所収)を参照されたい。特に、後者では自立と依存との関係を取りあげ、依存的自立という分析枠組を提起している。

(2) 小山進次郎『改訂増補 生活保護の解釈と運用(復刻版)』全国社会福祉協議会、一九七六年、九二頁

(3) http://www.j-il.jp/rinen.html#content

(4) 小山進次郎、前掲書、九二頁

(5) 小山進次郎、前掲書、九二頁

(6) 依存的自立という概念については、依存という語句を冠することにたいする抵抗感もあるように見受けられる。社会制度を活用して実現される生活の自律、あるいは自律的な生活といえばよいであろうか。

第十三章　社会福祉の二つの機能
――福祉的機能と社会的機能――

一　社会福祉の機能

社会福祉の機能は、大別すれば、福祉的機能と社会的機能に分類することができる。いずれも社会福祉に欠かせない機能であり、社会福祉の性格や特徴を理解するには、福祉的機能と社会的機能の両面から、さらには両者相互のかかわり合いという視点から、考察を進めなければならない。

まず、社会福祉の福祉的機能について一般的に規定しておきたい。福祉的機能は、社会福祉がその利用者である個人、家族、地域社会などにたいしてもつ機能である。社会福祉の即自的機能、あるいは本来的機能といういいかたも可能であろう。すなわち、社会福祉における福祉的機能とは、個別的、社会的などのさまざまな理由により自立した生活を維持しえない、あるいはしづらい状況にある人びと（自立生活困難者）にたいして、その自立生活を支援し、それらの人びとの自己実現、社会への参加と統合を促進する働きであり、さらにそのために必要とされる社会資源を開発する働きのことである。

次に、社会福祉の社会的機能とは、社会福祉が社会にたいしてなしている機能、あるいはなしうる機能である。逆に、社会が社会福祉にたいして期待する機能といういいかたもできるかもしれない。社会福祉は、しばしばそれを利用する人びとのためというよりもむしろ社会の側の必要を満たすために創出され、活用されてきたという歴史をもっている。実際、社会福祉の歴史をひもといてみれば、筆者は、そこに、社会福祉が、一定の時代的社会的な背景のもとに、政治的な統治、治世のための手段＝道具として、あるいは経済的な必要を充足するための手段＝道具として、また社会的な目的を達成するための手段＝道具として位置づけられてきたことを示す数々の例証をみいだすことができる。

二　社会福祉の福祉的機能

（一）福祉的機能に関する先行研究

● 岡村重夫の社会福祉の一般的機能

さて、表現の違いを別にすれば、社会福祉の福祉的機能について最初に本格的に議論を展開しているのは岡村重夫である。岡村は「社会福祉の一般的機能」について考察し、それを内容の違いによって、①評価的機能、②調整的機能、③送致的機能、④開発的機能、⑤保護的機能の五つに整理している。[(1)] これらの機能はいずれも、岡村のいうところの「社会関係の主体的な側面」にみられる「社会関係の不調和」「社会関係の欠損」「社会関係の欠陥」という「社会関係の障害」に起因する「生活困難」を解決するために動員される機能である。

評価的機能は、生活困難がどのような社会関係の困難を含むかを分析し、どの社会関係のどの側面における困難が決定的意味をもつのかをあきらかにする機能である。調整的機能は、個人、家族、地域社会が複数の相互に対立する、あるいは両立しえない社会関係に関与したときに生起する社会関係の不調和を調整する機能である。送致的機能は、欠損した社会関係を回復させるか、あるいはそれに代わる新しい社会関係をみいだすように援助する機能である。開発的機能は、既存の社会資源だけでは、欠損した社会関係の回復が不可能な場合に、新たに専門分業的生活関連施策を開始させたり、制度的集団を新設して、社会関係の回復を容易にするような社会資源をつくりだす機能である。保護的機能は、調整、送致、開発という社会関係の維持・修復の機能によっても、なお援助対象者が社会関係の全体的調和を実現しえないとき、あるいは実現するまでの間、一般的専門分業制度の要求水準を緩和した特別の保護的サービスを提供する機能である。

このような岡村の「社会福祉の一般的機能」論は岡村の社会福祉原論体系に組み込まれており、参考にすべきところが多い。しかし、この五つの機能は社会福祉全体の機能というよりも、援助過程に現れる機能である。また、岡村は保護的機能についてこれを評価から開発にいたる社会福祉の本来的な機能と区別し、いずれ消滅すべき機能としている。しかし、これについても疑問が残る。岡村の立論とは別に、社会福祉の実態からいえば、むしろ岡村のいう保護的機能こそが社会福祉に本来的な福祉的機能として、少なくともその一つとして位置づけられなければならないはずである。この、岡村がやや消極的に保護的機能と呼んでいるものの現実の社会福祉における位置づけは、将来的にもまず変化することはないと考えられる。

三浦文夫の社会福祉の政策目的

次に、社会福祉の機能という議論の立てかたをしているわけではないが、実質的にそれに言及しているものとして、三浦文夫の社会福祉の政策目的に関する規定が参考になる。[(2)] 三浦は、社会福祉の政策目的を「要援護者の自立の確保と、社会的統合を高めること」と規定している。この三浦の議論は、直接的に社会福祉の機能について論じたものとはいえない。しかし、社会福祉の政策目的に関する議論は、それを実現する手続きや行為をともなうことになり、その意味ではおのずと社会福祉の作用ないし機能に関する議論としての側面をもたざるをえない。三浦は、社会福祉の政策目的について論じながら、同時にその機能について論じている。それは社会福祉の機能についての政策論的アプローチとして理解することができる。すなわち、三浦の要援護者の自立の確保と社会的統合を高めること、という目的規定はおのずから社会福祉がそのような目的を実現する方向に行為し、作用するという認識が含まれている。その意味において、三浦の社会福祉の目的についての言説は、これを社会福祉の「自立確保の機能」「社会的統合の機能」について論じたものとして読み替えることが可能である。

真田是の社会福祉の生活的機能

さらに、真田是について取りあげる。これまであまり言及されたことはないが、岡村や三浦とは明確に理論的に立場を異にしている真田も社会福祉の機能について論じている。真田は社会福祉の機能について、まずこれを「社会的機能」と「生活的機能」に分類し、後者について論じるなかでさらに「経済保護機能」とそれによる「歯止め機能」ならびに「積極的機能」について考察している。(3)

真田によれば、社会福祉は、「資本主義の経済秩序の再生産構造の一環に組み込まれてそれなりの再生産の補完的機能を発揮」している。この補完的機能がすなわち社会福祉の社会的機能である。しかし、社会福祉の機能はそれだけにとどまらない。社会福祉は二面性をもっている。階級関係の視点からいえば、社会福祉は、資本主義的経済秩序「再生産の補完的機能」に着目して展開されるが、それが一度制度化されるときには不可避的に国民の生活にかかわらざるをえない。国民は社会福祉に生活保障の機能を期待するようになり、社会福祉は「社会的機能」と「生活的機能」を二面的にもつことになる。

真田は、そのような生活的機能の一部分として「経済保護機能」とそれによる困窮にたいする「歯止め機能」を位置づけ、さらにそこに援助技術論を批判的、換骨奪胎的に摂取するかたちで「積極的機能」を付け加えている。真田は、技術論のなかから対象者の自立の援助という積極的な機能をすくいあげ、そこに自立論、主体性論をからめつつ、社会福祉の「積極的機能」について敷衍している。なかでも興味深いのは、真田が社会福祉における自立を「社会福祉による自立」と「社会福祉からの自立」に分類していることである。

（二）福祉的機能の類型

ここまで、社会福祉の福祉的機能にかかわりのある先行研究を探求してきた。そこから重要な概念を抽出しておきたい。岡村は、社会福祉の一般的機能を評価的機能、調整的機能、送致的機能、開発的機能、保護的機能に分けて論じていた。三浦は、社会福祉の機能について直接論じていたわけではないが、実質的には要保護者の自立と社会的統合をもって社会福祉の機能としていた。真田は、社会福祉のもつ複合的な機能の一面にある生活的機能について論じ、そのなかで経済保護機能や積極的機能を論じていた。

これら先行研究の提起する機能概念やその分類はそれぞれ示唆に富むものであるが、難点も含まれている。たとえば、岡村による一般的機能の取り扱いのようにレベルを異にする機能の位置づけのしかたにかかわる問題や社会福祉の利用者にたいして直接的にかかわる機能と間接的にかかわる機能との混在という問題も存在していた。

ここではそのような難点を勘案し、社会福祉の福祉的機能（真田でいえば生活的機能）をできるだけ包括的かつ体系的にとらえることを主眼に、まず、Ⓐ媒介調整的機能、Ⓑ自立生活支援的機能、Ⓒ社会参加支援的機能、Ⓓ社会資源開発的機能に分類することにしたい。Ⓐは自立生活困難者による各種生活支援サービスの利用を媒介調整し、促進する機能、Ⓑは自立生活を直接的に支援することを目指す機能、Ⓒは自立生活困難者の自己実現、社会への参加と統合、包摂を支援する機能、Ⓓは自立生活困難者を支援するうえで必要とされる社会資源を開発する機能である。これらの機能のうち、Ⓑの自立生活支援的機能は、さらにⓐ最低生活保障的機能、ⓑ自立生活支持的機能、ⓒ自立生活力育成的機能、ⓓ自立生活援護的機能に分類することができる。

（三）　社会福祉の媒介調整的機能

社会福祉の媒介調整的機能とは、簡潔にいえば、利用者（個人・家族・地域社会）の社会的生活支援ニーズの内容について適切に評価（アセスメント）するとともに、その充足ないし軽減緩和に有効性をもつと考えられる社会的生活支援サービスの種類、さらには援助提供機関（施設や事業者）に関する情報を適切に紹介し、利用者の主体的な選択と自己決定を促進しつつ、両者の利益を調整して利用者と援助提供機関を結びつけ、さらには利用者による社会的生活支援サービスの利用過程を見守り、必要に応じて再調整を試みる働きのことである。

こんにち、わが国においては、この機能はケアマネジメントあるいはケースマネジメントとよばれている。媒介調整的機能は、社会福祉援助活動の導入段階において核をなす技術であり、またその過程を構成する重要な要素として位置づけられる。その前提になるのは、提供可能な社会的生活支援サービスが質量ともに提供されるという環境条件の整備である。高齢者福祉や障害者福祉の領域においては、なお不十分であるとはいえ、それなりにこの前提条件が整備されつつあるといってよい。しかし、児童福祉など一部の領域においては社会的生活支援サービスを構成するサービスプログラムに限界がみられ、今後一層の拡充が期待されるところである。

（四）　社会福祉の自立生活支援的機能

●最低生活保障的機能

自立生活支援的機能の第一の類型は、社会福祉以外の制度、資産、家族や親族・友人による援助など、独力で準備し、利用しうる資源だけをもってしては健康にして文化的な最低限度の生活を維持することの困難な利用者にたいして、最低限度の自立生活を保障する機能である。社会福祉の福祉的機能のうち、もっとも原初的であり、かつ最終セーフティネット的な機能である。通常、この機能は現金その他の形態によって購買力を提供することによって遂行される。

自立生活支持的機能

自立生活支援的機能の第二の類型は、福祉ニーズをもつ人びとの自立生活を支持するための支援活動である。何らかの理由によって下肢機能や上肢機能の低下した利用者にたいして買い物、炊事などの家事機能を代替・補充するためホームヘルプサービスを提供し、あるいは移動機能を補強する車いすを貸与するような場合がこれにあたる。自立生活支持的機能は、利用者にその生活を側面的、部分的に支える手段を提供することによって自立生活の維持存続を図る機能である。自立生活にたいする支持的援助の機能である。

自立生活力育成的機能

自立生活支援的機能の第三の類型は、福祉ニーズをもつ人びとの自立生活力を育成するための支援活動である。子どもも、傷病者、障害者などに働きかけ、それらの人びとが自立生活の基盤となる身体的、精神的、社会的さらには経済的な諸能力をみずからの主体的な努力のなかで獲得し、回復させ、あるいは開発し、向上させる過程を側面的に援助し、促進する働きである。子どもにたいする保育や養護、傷病者にたいする医療の提供、障害者にたいする医療や職業訓練などの各種リハビリテーションの提供などは、この意味での自立生活支援である。

自立生活援護的機能

自立生活支援的機能の第四の類型は、利用者の自立生活を全制的、全面的に支援する働きである。通常、この機能は利用者を居住型施設（二十四時間生活型施設）に受け入れることによって遂行される。居住型施設で提供されるサービスは、利用者の自立生活を全面的に支援するというかたちをとる。もとより、居住型施設においても利用者の状況に応じて自立生活支持的機能や自立生活力育成的機能が遂行される。しかし、その利用者の生活は、生活手段（生活資料・生活サービス）の確保からその消費にいたるまでサービス提供者による全制的、全面的な援護活動によって支えられることになる。

（五）社会福祉の社会参加支援的機能

社会福祉にみられる社会参加支援的機能は、福祉ニーズをもつ人びとの自己実現、社会への参加と統合を支援する働きである。この機能は、利用者の社会にたいする参加と社会によるその統合、さらには包摂を支援することであり、そのための環境の整備に努めることである。すなわち、社会福祉的な支援を必要とする人びとのインテグレーション（社会的統合化）とノーマライゼーション（常態化）、さらにはソーシャルインクルージョン（社会的包摂）の実現を支援するという機能である。

ノーマライゼーションとは子ども、障害者、高齢者を差別的な状態から解放し、年齢、性別、能力、信念など、多様な差異をもった人間がともに生活する普通の、平常な社会生活のなかに統合するということであり、インテグレーションはそのための働きかけとその過程を意味している。ノーマライゼーションのなかには、社会福祉の利用者にたいする直接的な自立生活の支援とともに、都市の物理的環境の改善、住宅の改造、社会的偏見の除去などの生活環境条件を改善する努力が含まれている。ソーシャルインクルージョンは、本来的には、社会的排除（ソーシャルエクスクルージョン）を受けやすい外国籍労働者を社会の通常の成員として受け入れ、位置づけること、そのための施策や支援活動を意味している。しかし、近年においては、インテグレーションやノーマライゼーションをさらに発展させたかたちとして、外国籍労働者に限らず、社会から分離され排除されやすい人びとを積極的に社会の一員として位置づけ、その自立生活を支援するという意味に拡張してもちいられるようになっている。

（六） 社会福祉の社会資源開発的機能

社会福祉援助を実施するうえで動員される機関・施設・設備、資金・物資・情報、親族・友人・知人、さらには地域の住民や集団・組織のもっている知識や技能を総称して社会資源という。社会福祉に直接的にかかわる資源がそのような社会資源の中心であることはいうまでもないが、医療、保健、教育、住宅政策、更生保護などの隣接領域の資源をはじめ、地域の商店や企業、宗教団体などのもつ資源も社会資源のなかに含まれる。

近年、社会福祉の領域では利用者による福祉サービスの選択と申請の権利が重視され、利用申請者による選択や申請を側面から支援するケアマネジメントの技術が広く活用されるようになっているが、その過程においては多様な社会資源が活用の対象になる。既存の社会資源だけが活用の対象となるわけではない。つねに新しい社会資源を開発し、活用の可能性を広げることは社会福祉に期待される重要な機能である。

三 社会福祉の社会的機能

（一） 社会的機能の意義

社会福祉の社会的機能は、時代により、また社会により、さまざまなかたちをとるが、それは、基本的には、社会福祉が社会全体やあるいは特定の階級や階層、集団などに働きかけ、その働きを通じて、社会全体、特定の階級や階層、集団、地域社会、家族などのありようを一定の目的なり目標なりに方向づけ、あるいは規制（コントロール）ないし規整（レギュレート）する機能として把握される。社会福祉は、その時々の社会が必要とする政治的、経済的、社会的、文化的などの目的や課題を達成するための方策、手段＝道具として位置づけられ、そのようなものとして機能することが期待されてきたのである。

周知のように、わが国における第二次世界大戦後の社会福祉研究のなかで大きな系譜を形成してきた政策論的社会福祉研究は、社会福祉がいかにして資本主義的経済秩序に組み込まれ、その存続維持に寄与するものとして存立しているかを分析し、説明することに関心を集中させてきた。政策論は、社会福祉がそのような社会的機能を、すなわち資本主義的経済秩序の維持存続に寄与するという機能をもつこと、それこそが社会福祉を社会福祉として成り立たせ、存立せしめる根拠（レーゾンデートル）であると考えた。

このような、政策論の立場からする社会的機能についての議論は、社会福祉にかかわる社会科学的研究のいわば基本的な命題であり、わが国の社会福祉研究に強い影響を与えてきた。[4] しかしながら、その議論のしかたは基底還元主義的な要素が含まれており、かつ広がりに乏しいという難点が認められる。ここでは分析の視点と枠組みをやや拡大して考察することにしたい。

（二）社会制御的機能の諸相

さて、社会福祉の社会的機能は社会制御的機能と社会統合的機能に分類することが可能である。社会制御的機能は、歴史的な経緯を折り込みつついえば、①社会的秩序の維持、②近代的賃金労働者の創出、③国民の感化育成、④健全な兵力と労働力の育成、⑤労働市場の規整、⑥雇用の創出、⑦購買力の散布、⑧家族の規整、⑨地域社会の規整、⑩社会体制の維持に分類することができる。

社会的秩序の維持

社会福祉にかかわる施策が国や地方団体などの政治的組織を通じて実施された世界最初の例は、イギリスにおける初期の救貧法の制定である。救貧法という名称は貧困者の救済を目的とする法律を想像させる。しかし、その内実は浮浪者や乞食などの貧困者の救済ではない。むしろ彼らを処罰し、抑圧することによって社会の秩序と安定を維持するための施策であった。初期救貧法の集大成は一六〇一年のエリザベス救貧法であるが、その目的は近世から近代へという社会変動期の狭間に生成し、浮浪者や乞食として都市に流入する貧困者への就労の強制、定住の促進、移動の制限などを通じて社会の法と秩序を維持することにあった。

わが国における救貧事業は一八七四（明治七）年の恤救規則にはじまるが、明治政府は、未曾有の社会変動に伴い東京、大阪、京都などを中心に出現した多数の浮浪者、乞食、窮民について、「親族による協救活動」、「人民相互の情誼」や「地域社会による隣保相扶」を強調しつつ、それらを補う応急の施策として恤救規則を制定し、運用した。

こんにちでは、このような社会秩序維持的機能への期待があからさまに表明されることはない。しかし、近年におけるホームレス施策には社会不安の除去や秩序の維持にたいする期待が込められている。

近代的賃金労働者の創出

一八三四年のイギリス新救貧法は、窮乏のテストとしての労役場制度を復活させ、労働可能貧民にたいする院外救済を厳しく制限したこと、求援抑制効果を上げるために劣等処遇の原則を導入し、労役場における生活の水準を自活している最底辺の労働者の生活水準以下に設定したことによって知られている。

このような新救貧法は、産業革命を通じて確立した資本主義経済のもたらした自己責任主義、自由放任主義的な風潮のなかで徹底した求援抑制政策として機能した。それ以後、貧困は個人の罪とみなされるようになり、旧来の「働く貧民」

は近代的賃金労働者と被救恤的窮民に二極分解されることになる。

新救貧法という新興ブルジョアジーの利害を反映する救貧事業が、生存のためには額に汗して労働するほかない貧困者たちを資本主義経済にとって不可欠の安価な労働力商品の供給源として陶冶する社会的装置として機能したのである。加えて、新救貧法の制定に先立つ一八三三年には、医者、牧師などの人道主義者や開明的資本家の尽力のもとに児童や年少者による工場労働や夜間労働を規制する工場法が成立している。その背景には、個別資本のもたらす苦汗労働による将来労働力資源の枯渇を危惧する総資本の意志があったとされる。

●国民の感化育成

一九世紀の中葉、産業革命を契機に資本主義経済が確立するとともに、勤勉、努力、節約、節制などの規範的価値とそれにもとづく生活意識、生活習慣、生活様式が形成され始める。そうしたなかで、失業者、貧困者、浮浪者、乞食などを無能力者、性格欠陥者とみなす道徳主義的、自己責任主義的な貧困観が成立し、貧困者の救済を極力抑制しようとする社会的政治的風潮が出現する。先の新救貧法の制定はその一端である。

その一方、この時期には、友愛組合や慈善事業などの自発的救済活動が奨励されたが、その前提には道徳主義的、自己責任主義的な貧困観があった。そうしたなかで、慈善事業の目標は、貧困者を高尚にすること、すなわち貧困者の性格、生活習慣を感化、矯正し、彼らを善良な市民の水準に引き上げることに向けられていた。

このような道徳主義的、自己責任主義的な貧困観による公的救済の引き締めと他方における民間救済活動の奨励、国民の道徳的陶冶は、わが国の感化救済事業のなかにもみいだすことができる。一九〇〇年に社会防衛と不良青少年の保護的処遇を意図して制定された感化法を契機とする感化事業講習会は、やがて貧困の救済が親族や隣人間の相互扶助によるべきことを強調しつつ、救貧事業を「救貧」から国民の「感化」による「防貧」に転換させることに貢献することになった。

健全な兵力と労働力の育成

歴史的に社会福祉の一部として誕生した学校給食制度、学校保健制度、乳幼児・妊産婦保健制度は、近代の国民国家の生成発展期において健全で有為の兵力や労働力を育成することに貢献した。

先鞭をつけたのはドイツであった。プロシャの宰相ビスマルク（Bismarck, O.E.L. von）は後発国ドイツの統一を実現し、先発国であるイギリスに対抗するため、健康で効率的な国民を育成することをねらいの一つとして社会保険制度を発足させた。その後、ボーア戦争に際して優秀な兵力と労働力の基盤となる効率的な国民を育成する必要性を痛感したイギリスは、自由党と労働党の協力による自由社会改良政策の一部として、一九〇六年に学校給食制度を、一九〇七年には学校保健制度を発足させた。

第一次世界大戦終了後になると、先進諸国はこぞって兵力と労働力の源泉となる幼児や妊産婦を対象とする保健サービスを展開した。なかでも、敗戦国となったドイツは優秀なドイツ国民を形成する手段としてナチ断種法に象徴される優生政策を導入した。このような傾向はアメリカやわが国にもみられ、人種や民族の優秀性を守り、障害者や病人を排除する施策を導入した。わが国の場合、大東亜共栄圏の構築を目標に「産めよ殖やせよ」をスローガンに人口の増大を図り、社会福祉は厚生事業として人口拡大政策のなかに埋没してしまった。

戦後、一九六〇年代には、わが国では高度経済成長を維持するための優秀な若年労働力を確保するとともに、障害、疾病などの早期発見、早期対応を図るという目的で三歳児健診の制度が導入され、こんにちに継承されている。

労働市場の規整

先進諸国における社会福祉の発展は経済の状況、なかでも労働市場の状況に対応して変化するという側面をもっている。すなわち、経済が縮減して失業者が増大する時期には失業対策や貧困対策が拡大し、逆に景気の回復にともなってそれらは縮小する。失業対策や貧困対策は労働市場における失業圧力を調整する安全弁として活用されてきた。

年少者対策、高齢者対策、母子家庭対策なども求職者の増大による労働市場の混乱を回避する方策として導入されることがあった。社会福祉は、そうした人びとに生活費を支給し、施設を提供することを通じて労働市場の混乱を緩和するという効用をもった。

他方、労働力が不足する事態においては、女性の労働力を利用することを目的に保育所が増設され、あるいはリハビリテーションサービスが拡充されて障害者の労働市場への参入が促進された。

雇用の創出

大恐慌による大量失業の発生に対処したニューディール政策の一部においては、失業救済のために道路その他の公共施設や建造物の補修や新設などが連邦政府の補助金事業として展開された。また、小説家や画家、教師などの救済を目的に州や大都市の発展に寄与した偉人の伝記の刊行や肖像画の製作、保育所の開設などのかたちをとる雇用創出事業が展開された。

近年、わが国では特別養護老人ホームや介護老人保健施設の設定がなされる過程において、一部職員の地元からの採用が約束される場合がある。これも社会福祉に雇用の創出が期待される一例であろう。

購買力の散布

ニューディール政策による失業救済目的の公共事業、ＴＶＡなどの農村救済事業、社会保険、公的扶助、要養護児童サービス、乳幼児・妊産婦保健サービスなどから構成される社会保障制度の新設などにともなう連邦補助金支給制度の拡張は「ポンプの呼び水政策」とよばれることがあった。それらは有効需要の増大を景気回復の契機として位置づけるケインズ経済学的な発想による施策であった。

すなわち、大量の失業者、貧困者、低所得の農民にたいして雇用による賃金の支給や直接的救済などの多様な形態で金銭を提供することを通じて、彼らの購買力を刺激し、景気回復につなげようとしたのである。ただし、購買力散布の効用については、購買の対象が消費財に限定されているため、景気回復にたいする影響について疑問視する指摘がある。また、効果があったとしても、社会福祉の効果として特定することは困難であるかもしれない。

家族の規整

一般的にいえば、社会福祉のありようは家族の形態や機能によって規定されるが、逆に社会福祉のありようが家族の形態や機能を規定するという側面がある。たとえば、公的な生活扶助や介護サービス、保育サービスの制限は、家族による扶養、介護、保育の責任を重視する施策となり、それに照応するような家族の形態や機能のありようが補強され、あるいは保全されることになる。

逆に、保育サービスの拡大は母親の就労を促進し、共働きの家庭を増大させることになろう。また、介護サービスの拡大は高齢者の介護を公的サービスに期待する生活意識を形成させ、三世代家族の一層の減少をもたらすという指摘がある。

地域社会の規整

社会福祉のありようはまた地域社会の構造や機能によって規定される。同時に、地域社会のありようは社会福祉の形態や機能を規定する。たとえば、わが国の貧困救済策は地域社会のもつ隣保互扶機能、すなわち相互扶助の機能を第一義的な貧困救済策と位置づけ、それを保持し、強化するような施策を展開してきた。前出の感化事業講習会はその一例である。

● 社会体制の維持

周知のように、第二次世界大戦以後、先進資本主義諸国は一様に福祉国家の建設を基本的な政策理念として位置づけてきた。福祉国家の建設には、先進資本主義諸国の国民にたいして社会主義的な理念の実現が資本主義体制のもとにおいても可能であることを示し、国民を国家の受益者として位置づけることによって国内の階級的な対立を緩和克服し、政治体制ひいては国家体制の維持存続を図るというねらいがあった。

(三) 社会統合的機能

社会福祉の社会統合的機能とは、社会福祉を通じて社会の全体としての包摂力と求心力を強化し、もってその統合性を高めようとする働きである。

第二次世界大戦以後、福祉国家政策を推進する過程において、社会福祉を積極的に評価し、その施策を拡大させてきた。冷戦構造という外枠的な枠組みを前提に、資本主義(自由主義)体制を維持するという社会制御的なねらいと連動させられていたとはいえ、社会福祉のもつ社会統合的な機能が意図的に追求され、活用されてきたのである。そのような社会福祉の社会の統合力を高める機能としては、①所得再分配、②社会的包摂、③福祉のまちづくり、などを考えることができる。

● 所得再分配

社会福祉の財政はなお基本的には累進性をもつ租税によって賄われているが、これは所得の垂直的再分配を意味する。社会福祉はそのことによって社会の階層間格差を縮減し、住民の不公平感を和らげ、社会の統合性を高めることに貢献してきた。しかし、近年わが国においては介護保険にみられるように部分的に被保険者間の相互扶助的な水平的再分配としての色彩の濃い社会保険技術が導入されたことにより、社会福祉の所得再分配効果は希薄化しつつある。

社会的包摂

社会的包摂（ソーシャルインクルージョン）は、外国籍の労働者にたいする社会的排除（ソーシャルエクスクルージョン）にたいする施策として導入された概念であるが、近年次第にその意味内容が拡大され、社会的つながりから阻害された人びと一般を社会的に包摂する施策として理解されるようになっている。社会的包摂には、多様な特徴や差異をもつ人びとを社会に受け入れ、その統合性を高める効果をもつことが期待されている。

福祉のまちづくり

社会福祉の利用者やその保護者、支援者、サービス提供事業者などの集団を基盤とする概念に福祉コミュニティがあるが、近年では社会福祉の充実をキーコンセプトにその前提にある地理的地域社会そのものを含んで組織化しようという施策があり、福祉のまちづくりと呼ばれる。そこには地域社会の包摂力と求心力を高め、統合性を高める効果をもつことへの期待がある。

四　福祉的機能と社会的機能の交錯

以上、個別に考察してきた社会福祉の福祉的機能と社会的機能は、もとより別々のものというわけではない。福祉的機能と社会的機能は社会福祉のもつ機能の二つの側面であり、それらはいわば背中あわせに重なり合っている。しかし、福祉的機能と社会的機能との関係は両者にとってプラスの局面ばかりではない。福祉的機能と社会的機能は、時に相互に拮抗し、あるいは矛盾する関係に陥ることがある。

たとえば、次世代育成支援政策に含まれる保育所増設策などは、一方において子育て家族の保育ニーズを充足することによって自立生活の維持を促進し、他方において子育て女性の就労を促進することによって労働市場の安定に寄与することができる。社会福祉のもつ福祉的機能と社会的機能がともに順調に発現している例といってよいであろう。

これにたいして、同様に労働力の確保を意図した政策であっても、障害者にたいするリハビリテーション政策は異なった結果をもたらした。その例は、時代はかなり遡るが、一九六〇年代後半のわが国の障害者施策に認められる。六〇年代の後半はわが国を世界第二位の経済大国に引き上げる契機となった高度経済成長期の第二期にあたり、政府は、高度経済成長の基盤となる労働力供給の逼迫を解消するため、障害者にたいするリハビリテーションを促進し、障害者の労働力市場参入を拡大させることを意図した政策を展開した。しかしながら、この政策は障害者すべてに歓迎されることにはならなかった。リハビリテーションを推進する政策は、一部の労働市場への復帰や参入の可能性をもつ障害者たちにとっては好評であったが、その可能性に恵まれない障害者たちによる厳しい批判を被るところになった。それは、政府が、リハビリテーション政策と並行するかたちで、全国各地に労働市場への復帰や参入の可能性に恵まれない障害者たちのために障害者がその生涯を安心して過ごせるようなコロニー（総合障害者施設）を建設する政策を推進しようとしたからである。このコロニー設置計画は、障害者の視点からは、労働市場への復帰や参入の可能性に恵まれない障害者、すなわち障害の重い人びとを労働市場のみならず社会や家族から隔離し、その自己実現や社会参加を阻む政策としてうけとめられた。

このように、一九六〇年代後半のリハビリテーション促進とコロニー設置とを連動させる障害者福祉政策は、社会福祉の社会的機能という側面からみればそれなりの有効性を期待できたかもしれない。しかし、福祉的機能という側面からいえば、それは適切な政策であるとはいえなかったのである。このような福祉的機能と社会的機能の衝突は、決して過去の事例ではない。

近年、わが国の社会福祉は明らかにその基調をウェルフェアからワークフェア（就労福祉）に移行させてきており、母子福祉や障害者福祉について就労を優先するような支援策が導入されてきている。もとより、就労の支援は就労による生活維持という資本主義社会の基本的秩序の維持に貢献する施策であり、また就労機会の確保は人びとの自己実現の基盤ともなることである。しかし、就労の支援が母子家族の生活実態や障害者のもつ心身の状況にたいする配慮を欠いたかたちで促進されることになれば、母子家族や障害者の生活の安定や安寧はかえって損なわれることにもなりかねないであろう。

社会福祉の果たす機能については、福祉的側面と社会的側面の両面から多面的にとらえられ、評価されなければならない。

〔註〕

(1) 岡村重夫『社会福祉原論』全国社会福祉協議会、一九八三年、一一八～一二七頁

(2) 三浦文夫『増補改訂 社会福祉政策研究』全国社会福祉協議会、一九九五年、五三頁

(3) 真田是『現代の社会福祉理論』労働旬報社、一九九四年、一一一頁

(4) 孝橋正一は、政策としての社会事業の機能を、社会事業が採用する社会的手段の総体＝社会的保護として論じている。孝橋正一『全訂 社会事業の基本問題』ミネルヴァ書房、一九六二年、一六三～一六四頁

索引

■さ行

■た行

■な行

■は行

■ま行

■や行

■ら行

■わ行

古川孝順社会福祉学著作選集　第**7**巻

社会福祉の拡大と限定

二〇一九年二月二五日　発行

編　著　古川　孝順
発行者　荘村　明彦
発行所　中央法規出版株式会社
〒110-0016　東京都台東区台東三-二九-一　中央法規ビル
営　業　TEL　〇三-三八三四-五八一七
FAX　〇三-三八三七-八〇三七
書店窓口　TEL　〇三-三八三四-五八一五
FAX　〇三-三八三七-八〇三五
編　集　TEL　〇三-三八三四-五八一二
FAX　〇三-三八三七-八〇三二
https://www.chuohoki.co.jp/

装幀・本文デザイン　株式会社ジャパンマテリアル
印刷・製本　株式会社アルキャスト

セット定価　本体四六、〇〇〇円（税別）
全七巻　分売不可
落丁本・乱丁本はお取り替えいたします。